신약시대의 누룩, 십일조

강신해 지음

신약시대의 누룩, 십일조

죄와 사망의 법에서 해방되어
생명의 성령의 법에 따라 참 자유를!

강신해 지음

책을 펴내며

바울은 율법에 대하여 죽어야 하나님에 대하여 살 수 있다고 말한다. 여기서 죽는다는 것은 멀어져야 한다는 것을 함의한다. 즉, 예수께서 단번의 제사로 우리를 죄와 사망의 법에서 자유케 하셨으니, 하나님에 대하여 살려면 죄를 깨닫도록 한시적으로 주어진 율법에서 이제 그만 벗어나 생명의 성령의 법으로 나오라는 것이다.

율법은 이스라엘 민족에게 죄를 깨닫도록 주신 613가지의 도덕적, 제사적, 규범적인 각종 계명들이다. 이러한 옛 율법의 행위로 의를 얻으려는 자는 죄가 계명들을 타고 들어와 탐심을 이룸으로 자기 안에 죄를 구성한다. 그래서 율법의 행위로 온전함을 이루려는 것은, 그리스도의 속량에 대한 믿음으로 하나님의 의義를 은혜로 얻게 하사 생명의 길로 향하도록 인도하시는 성령의 뜻을 거스르는 행태가 된다.

하지만 예수께서 십자가 위에서 온 인류의 죗값을 대신 치르심으로 신약시대가 시작된 지 약 이천 년이 지났음에도 지금도 제사적 율법의 일환이었던 십일조를 바쳐야 복을 받는다는 목회자들의 설교를 교회 강단에서 어렵잖게 들을 수 있다. 게다가 그리스도의 복음과 배치되는 죄와 사망의 길인 율법에 속한 십일조 헌금 봉투를 교회 입구에 버젓이 비치해두는 행태들이 사라지지 않고 있다.

그래서인지 오늘날 대부분의 한국 교회들은 물질적으로는 부요하여 부족한 것이 없다고 하나 영적 관점에서 볼 때 가난한 것과 눈먼 것과 벌거벗은 수치를 깨닫지 못하고 있는 안타까운 실정이다. 마치 요한계시록 3장에, 예수께서 회개하라고 강권하시는 마지막 일곱 번째 라오디게아교회와 흡사한 현상이다.

그들은 십일조의 당위성을 주장하기 위해 주로 "화 있을진저 외식하는 서기관들과 바리새인들이여 너희가 박하와 회향과 근채의 십일조는 드리되 율법의 더 중한 바 정의와 긍휼과 믿음은 버렸도다 그러나 이것도 행하고 저것도 버리지 말아야 할지니라"(마 23:23)는 구절을 종종 인용한다.

이는 예수께서 십자가 위에서 인류의 죄값을 대신 치르시기 전에 의와 인과 신을 저버리고 외식에 치우친 서기관과 바리새인들을 꾸짖기 위한 말씀이셨다.(Ⅱ의 2. 율법에 속한 십일조 제도 편 참고) 이 시기는 율법의 마침이 되기 전이었으므로 당연히 십일조를 바쳐야 하는 율법 사회였지만 얼마 후 그리스도의 단번의 제사로 다 이루사 생명의 성령의 법이 적용되는 새 언약의 시대가 도래한 것이다.

그러나 그들은 지금도 지나간 옛 법인 율법에 따른 십일조를 바치는 것이 의무사항인 것처럼 "만군의 여호와가 이르노라 너희의 온전한 십일조를 창고에 들여 나의 집에 양식이 있게 하고 그것으로 나를 시험하여 내가 하늘 문을 열고 너희에게 복을 쌓을 곳이 없도록 붓지 아니하나 보라"(말 3:10)는 말씀과 더불어 성경에 어두운 교인들을 겁박(?)하며 가르친다.

이는 독생자 예수께서 형용할 수 없는 엄청난 고통을 감내함으로 보여주신 십자가의 사랑과 은혜를 희석시킴으로써, 하나님과 성도들 간의 친밀한 관계를 멀어지게 하려는 사탄의 계략에 놀아나는 격이다. 따라서 구약시대의 율법에 속한 의무적 십일조 제도는 오늘날 교회 재정은 풍족하게 할지언정 결국 성도들이 성령 안에서 주님과 교제하는 것을 방해하는 역할을 하게 된다.

예수께서 율법을 완전하게 이루심으로 온 인류를 죄 가운데서 구원하시고자 십자가 위에서 단번의 제사를 드리고 사망 가운데서 다시 살아나셨다. 이를 우리가 오직 믿음으로 '하나님 나라와 그분의 의義'를 얻도록 고난을 참으신 실로 망극하고도 절절하신 그리스도의 마음을 헤아려보라! 우리가 그리스도의 구속에 대한 믿음 안에서 무익해진 율법에서 벗어나는 길이 친히 희생 제사로 보여주신 하나님의 사랑에 응답하는 첫걸음일 것이다.

십일조가 율법 전인 아브라함부터 시작되었으니 율법과 무관하게 바쳐야 한다고 우기는 괘변론자들은 동시대에 시작되었으나 돈과 무관한 할례에 대해서는 언급조차 없다. 그들의 주장과 달리 히브리서 기자는, 율법에 따른 레위의 제사 체계를 위한 십일조의 시발점이 아브라함의 허리에서 나왔으며 또 레위 계통의 제사 직분이 멜기세덱의 반차인 다른 제사장(그리스도)으로 바뀌었으므로, 그 체계가 반드시 바뀌어야 한다고 역설한다.(Ⅱ의 1. 히브리서 7장의 해설 편 참고)

율법은 당시 유대인들에게 죄를 깨닫도록 한시적으로 주셨지만, 신약시대에도 계속 그리로 행한다면 죄를 해결하지 못해 결국 죽음에 이르는 길이 남아있을 뿐이다. 자기 의로써 온전함을 얻어 구원에 이르려는 율법을 계속 고집하는 것은 난센스요, 첫째 것(죄와 사망의 법)을 폐하고 둘째 것(생명의 성령의 법)을 세우신 그리스도의 참뜻과 성령을 거스르는 일이 될 것이다.

　이것들은 단순히 물질적 문제를 넘어서 성도들이 생명으로 가는 길을 방해하게 된다. 그러므로 그들은 예수께서 십자가에서 죽으시고 부활하심으로 다시 세우신 생명의 성령의 법을 온전히 깨닫고, 죄와 사망의 법으로 되돌아가 성령의 길을 가로막고 있는 자신의 모습들을 되돌아보고 회개해야 한다.

　이스라엘 백성과 더불어 온 인류는, 그리스도의 십자가 사건을 기점으로 구원에 대한 패러다임의 대전환을 맞아 생명의 성령의 법에 따라 참 자유를 얻게 되었다. 이성 간의 참사랑도 강제와 억압이 아닌 자유스러운 마음에서 비롯될 때 이루어지듯이, 하나님께서는 그리스도의 신부가 되는 교회의 성도들에게 억지가 아닌 성령 안에서 자유와 평강 가운데 사랑(교제)을 원하시는 것으로 보인다.

　지난 구약시대에 신정국가였던 이스라엘 백성들은 율법에 따라 십일조를 비롯하여 번제, 소제, 화목제, 속죄제, 속건제 등 제사를 통해 하나님께 제물을 바쳤다. 그리고 성막을 짓기 위해 자원하는 예물과 예루살렘 성벽 건축을 위해 각자 협력하여 중수하였던 것들을 볼 수 있다.

　이때 십일조는 따로 기업이 없었던 제사를 담당하는 레위 지파와 또 이스라엘 자녀들과 노비와 레위인을 위해 매년 바치게 하셨으며, 특별히 레위인과 객과 고아와 과부들을 위해 매 삼 년마다 바치도록 하셨다. 그리고 그들이 왕을 요구함에 따라 세워진 왕의 통치를 위해 별도로 십일조를 바쳐 그가 사용하게 하셨다.

　이천여 년이 지난 오늘날 많은 한국 교회들은 십일조를 비롯하여 각종 절기와 주정, 월정헌금, 그리고 특별, 선교, 구제, 건축 등 명목으로 여러 종류의 헌금을 바치는 것을 볼 수 있다. 이처럼 다양한 헌금 생활 가운데 대부분 교회들의 재정의 주를 이루는 십일조를 의무적으로 바쳐야 한다는 풍조에 대해, 필자는 성경을 연구하는 도중 심각한 신학적 문제점들을 발견하게 되었다.

이는 한마디로 구약시대에 유대인들이 행했던 제사적 율법에 속하여, 이제는 죄와 사망의 길이 되어 그리스도의 복음과 정면으로 상충된다는 점이다. 따라서 성도들이 이에 대한 바른 깨달음을 통해 하나님이 기뻐하시는 합당한 연보를 낼 수 있도록, 그 방향을 제시하는 데 거룩한 부담감을 갖게 되어 펜을 들었다.

예수께서 부자들이 풍족한 중에 넣은 연보보다 고작 두 렙돈을 넣은 가난한 과부를 칭찬하신 것처럼, 하나님께서 보시기에 정작 중요한 것은 연보의 양에 있지 않다고 보여진다. 만유의 주인으로서 내는 자의 중심을 보시는 하나님이시기에, 비록 적은 금액일지라도 자원하여 생활비 전부를 기꺼이 넣은 신실한 믿음을 가진 이 과부의 마음을 기뻐하신 것이다.

그러므로 우리는 연보를 낼 때 율법주의적 사고에서 벗어나 자발적이어야 한다. 수입에 따라 형편에 맞도록 마음에 정한 대로 인색하지 않게 자원하여 기꺼이 내는 것이 성경적이다. 이렇게 내는 연보가 하나님을 기쁘시게 하며, 아울러 만유의 주인으로서 빈한한 분이 아니시므로 억지로 바치는 것을 바라지 않으신다는 사실을 교회들은 유념해야 한다.

우리는 신앙생활을 하며 성경에 기록된 말씀들에 대해 이해를 달리하며 논쟁하는 경우를 주변에서 흔히 본다. 이때 누구든지 자기의 주장하는 바가 성경 전체적인 말씀들에 비추어 상호 충돌하지 않은 하나님의 참뜻인지, 아니면 자기만의 아집인지를 스스로 돌아보고 참지혜를 주시는 성령께 깊이 여쭤보며 묵상하는 자세가 절대 필요하다.

또 단편적, 지엽적 성경 해석을 지양하고 통전적統全的 해석 원리(성경 전체 또는 앞뒤 단락의 문맥을 살펴서 문장이 뜻하는 바를 해석하는 것)를 따라야 한다. 그래야 전문을 숲에 비유할 때 나무만 보고 자기만의 상상으로 전체 숲을 그려내는 우愚를 범하지 않고, 거기에 담긴 내용들에 대한 올바른 이해와 더불어 하나님의 깊고 오묘하신 사랑을 훨씬 더 풍성히 깨닫게 될 것이다.

만일 성경을 단순히 한두 구절만 가지고 하나님의 뜻인 양 말한다면, 작게는 본질에서 벗어난 그릇된 주장이 될 수 있고 크게는 이단적 집단에 빠져들 수 있다. 이의 예방을 위해 우리가 성경 구절에 대한 올바른 이해에 있어서 특히 유의해야 할 점은, 그리스도 이전과 이후의 시대적 상황에 따른 시의적時宜的 안목과 논리적 이해에 있다고 할 수 있겠다.

즉, 큰 틀에서 시기를 3등분하여 그리스도의 초림 전이었던 구약시대, 율법의 마침으로 오신 성자시대, 그리고 그리스도 부활 이후의 신약시대로 나누어 문맥을 해석하여 성경 전체적 말씀들이 서로 충돌 없이 이해될 때 참복음의 의미를 진솔하게 깨달을 수 있을 것이다.

성자시대에, 하나님께서 바라시는 바 의를 이루시기 위해 예수께서 온 인류를 죄로부터 속량하심으로 율법을 완전하게 하시고 그 마침이 되셨다. 따라서 성경 가운데 율법(구약)과 복음(신약)이 적용되는 시기에 관한 이해는, 그리스도의 십자가 사건을 정점으로 하여 인류의 구원의 역사를 이루시는 하나님의 경륜에 있어서 가장 기본적이며 핵심적 사항이라고 할 수 있다.

예수께서는 온 인류의 구원을 위해 율법시대의 마지막에 오셔서, 당시 서기관과 바리새인들이 지배하는 율법사회의 유대인들에게 낯선 여덟 가지의 참복과 천국에 관한 복음을 전해야 하셨다. 이때 전하시려는 복음의 요점은, 그들이 구원을 위해 율법에서 벗어나 먼저 '하나님 나라와 그분의 의'를 구하도록 하는 일이었으며, 나아가 성령을 받고 거듭나 죄사함의 은혜를 누리며 천국의 소망을 갖게 하는 것이었다.

그래서 이 세상에서 누구든지 율법의 행위로는 광명하신 하나님 앞에 의롭다 여김을 얻을 수 없었지만, 오직 하나님의 은혜로 그리스도의 구속을 믿는 자들에게 의인으로서 칭함을 얻게 하셨다. 결국 사람의 행위로는 하나님께서 원하시는 의에 이를 수 없었기에 하나님의 나라에 이르지 못할 죄와 죽음의 길인 율법에 대하여 멀어져야 마땅했던 것이다.

이렇듯이 오직 그리스도의 속량에 대한 믿음만이 하나님 나라와 그분의 의를 거저 얻어 세상에서 죄와 사망을 이기고 거듭나 새 생명을 얻을 수 있는 길이다. 아무것도 온전하게 못 하는 아론의 반차인 무익한 율법에 대하여 죽어야(멀어져야), 영생에 이르게 하는 멜기세덱의 반차를 따라오신 그리스도를 깨달아 믿는 자들이 소망 중에 하나님께 담대히 가까이 나아갈 수 있는 것이다.

오늘날 율법주의자들은, 그리스도를 믿음으로 구원을 얻는 사실에 대해 지식적으로 안다고 할지라도 마음은 멀어져 있어 보인다. 그리스도의 속량으로 인류의 모든 죄를 오롯이 해결하셨으나 이를 온전히 깨닫지 못해 다시 율법적 행위들을 강요함으로써 마치 헌 부대에 새 포도주를 담고 있기 때문이다. 그래서 단번의 제사로 영원한 속량을 이루시고 이를 믿는 자들을 의롭게 여기사 구원을 얻게 하시는 그리스도 진리의 실체가 그들 가운데서 점차 퇴색해져 간다.

우리는 무엇보다 먼저 인류의 전全 세대의 모든 죄에 대하여, 예수께서 십자가 위에서 단번의 희생 제사로 온전히 대속하시고 부활하신 사실을 깨달아야 한다. 그리고 이를 믿는 자들에게 그리스도의 의가 전가되어 의義를 은혜로 얻게 하시는 하나님의 위대하신 사랑이 마음으로 믿어질 때, 그 영혼이 진실로 새 생명을 얻어 거듭나 하나님 아버지의 품에 안길 수 있다고 하겠다.

이를 위해 예수께서 이른바 산상보훈(마태복음 5-7장)을 통해 전하신 말씀처럼, 먼저 하나님 나라와 그분의 의를 구함으로 성령(좋은 것)을 받고 율법에서 해방되어 반석(그리스도) 위에 집을 지어야 한다. 그리고 모퉁이 돌 위에 그리스도의 속량에 대한 자신의 믿음을 고정시키고 모든 삶을 올려놓아야 한다. 그래야 하나님으로부터 불어오는 영원한 생명력으로 사방에서 밀려오는 시험을 능히 이겨낼 수 있다.

나아가 오직 하나님의 사랑과 은혜의 구원에 대한 감사한 마음과 천국의 소망을 가지고 그리스도의 장성한 분량까지 자라는 것이 삶의 방향과 목표가 되어야 한다. 이런 그리스도인들이야말로 성령을 좇아 세상을 이기며 살아가는 '하나님의 뜻을 행하는 자'들에 속한다고 할 수 있을 것이다.

하나님께서 아브라함에게 세상의 상속자가 되리라고 하신 언약은, 율법으로 말미암은 것이 아니요, 오직 믿음으로 거저 얻어지는 하나님의 의義로 말미암는다. 이에 따라 우리가 그리스도의 구속을 믿음으로 의롭다 하심을 얻어 거듭날 때 하나님과 화평을 누릴 수 있다. 우리는 하나님께서 제사, 곧 우리가 오늘날 드리는 예배보다 자신을 아는 것을 기뻐하신다는 사실을 유념해야 한다.

만일 교회 지도자들이 성경을 바르게 이해하지 못하고 있다면 앞을 보지 못하는 자가 인도하는 교회와 다름이 없다. 이에 따라 거듭나지 못한 영은 하나님 앞에 죽은 영으로서, 교회들이 그리스도와의 진정한 교제를 원한다면 영적으로 깨어나 거듭나는 일은 무엇보다 중요하다고 할 것이다.

더욱이 어떤 교회들은 복음의 핵심이라고 할 수 있는, 영생의 길인 '하나님의 나라와 그분의 의義'에 대한 개념조차 흐릿한 상황을 보게 된다. 이에 대해 하나님의 義를 意와 혼동하는 사례를 들 수 있다. 하나님의 거룩하신 뜻意에 따라 사람의 마음에 하나님 의義가 반드시 이루어져야, 생명의 양식인 성령과 함께 하나님 나라를 얻고 죄사함의 확신을 통해 거듭나(重生, rebirth) 생명의 길로 나아갈 수 있을 것이다.

첫째 것을 폐하시고 둘째 것을 세우신 하나님의 뜻을 따라 그리스도의 몸을 단번에 드리심으로 인해, 우리는 불경건할지라도 오직 이를 마음에 믿음으로 하나님 의로서 거룩함을 얻었다. 그러나 아직도 죄와 사망의 법에 매여 자신이 죄인의 신분에서 해방되었다는 사실을 깨닫지 못한 기독교인들을 볼 때 마음이 아프다. 아쉽게도 그들은 성령 안에서 그리스도와의 참 화평을 누리지 못하고 있을 것으로 여겨진다.

또한 대부분 한국 교회들은 율법에 속한 십일조 강요 행태로 인해 죄성이 조장되는 등 그리스도의 복음이 심하게 훼손되어 성령을 거스르는 행태가 지속되고 있다. 그러므로 복음의 본질을 올바르게 깨달음으로써 죄와 사망의 길인 율법에 대하여 죽고 그리스도의 생명력이 살아날 수 있도록 새 언약인 생명의 성령의 법 체계로 바뀌어야 하나님 앞에 살 수 있다는 사실을 명심해야 한다.

새 언약 아래에서의 하나님은, 새 술을 새 부대에 담기를 바라시며 옛 법이었던 율법에서 해방되어 생명의 성령의 법에 따라 기꺼이 연보를 즐겨내는 자를 기뻐하신다. 신약 성경을 통틀어서도 십일조의 당위성을 찾아볼 수 없으며, 율법시대 당시 예수께서 율법에 따라 십일조를 바치는 것으로 자만에 찬 외식하는 바리새인들을 꾸짖으며 십일조에 대해 언급하셨을 뿐이다.

그러므로 오늘날 목회자와 신학자들은 성경에 대한 깊은 묵상과 연구를 통해 복음을 바르게 깨닫고 전해야 하는 중대한 책무가 있다. 특히 작금의 한국 교회들은 진정으로 하나님께서 기뻐하시는 교회를 세워 나가기 위해, 신약시대에 생명의 성령의 법을 거스름으로 누룩이 되고 있는 십일조에 관한 성경적 참 의미를 바로 정립할 필요가 절실해 보인다.

'21세기의 본회퍼'로 불리는 앤드류 팔리는 그의 저서 『복음에 더할 것은 없다』에서 "그리스도인들은 율법으로부터 자유롭다. 십일조라고 해서 다르지 않다. 10%의 헌금에 대한 문제는 새 언약에 사는 우리에게 해당되는 시스템이 아니다. 어떤 서신서를 뒤져 보아도 그리스도인이 10%를 내야 한다고 규정한 말씀은 없다."고 하였다.[1]

하지만 오늘날 어떤 목사들은 교회 재정을 이유로 하나님의 뜻을 왜곡하여 율법에 속한 십일조를 강요하며, 신학자들은 복음과 율법에 대해 상호 논리성을 가지고 연구하는 자세가 부족해 보인다. 따라서 성경을 연구하는 자들은 신약시대에 성도들의 영을 해

---

[1] 앤드류 팔리, 『복음에 더할 것은 없다』 안지영 옮김, (서울 : 터치북스, 2013), 77.

치는 누룩처럼 만연해 있는 율법의 십일조 제도에 대한 심각성을 깨닫고, 그 본질적 의미를 고찰하고 탐구하는 것들에 게을리하지 말아야 한다.

교회들이 항상 깊은 묵상을 통해 성령의 조명하심에 따라 성경 말씀에 담긴 참뜻을 발견하도록 노력할 때 사탄의 간계를 이길 수 있을 것이다. 그래서 제사적 율법에 속한 십일조 제도가 그리스도 이후 신약시대에 있어서 왜 폐기되어야 하는지, 오직 성경을 기준으로 한 논증과 함께 십일조의 허구성을 드러냄으로써 성령 안에서 그리스도와 동행하는 진정한 복된 길로 성도들을 안내함이 옳을 것이다.

바울은 율법을 세상의 초등학문에 비유하며 그리스도와 함께 죽었거든 어찌하여 세상에 사는 것과 같이 규례에 순종하며 사람의 명령과 가르침을 따르느냐고 질책한다. 이런 것들은 자의적 숭배와 겸손과 몸을 괴롭게 하는 데는 지혜 있는 모양이나, 가인이 아벨과 달리 하나님의 거룩하신 뜻을 모르고 수고와 땀으로 드렸던 실패한 그의 제사에서 보았듯이 조금도 우리에게 유익을 주지 못하기 때문이다.

결론적으로 신약시대에 교회들은 신앙생활의 방향성이 항상 모든 것을 가르치고 인도하시기 위해 세상에 보내심을 받은 보혜사 성령 안에 머물러야 한다. 그리고 교회들에 소용될 경제적인 부분들도 율법 조문의 묶은 것에서 벗어나 성령의 새로운 것으로 섬겨야 마땅하다. 율법 조문은 죽이는 것이요, 성령은 살리는 것임을 마음속 깊이 깨달을 때 풍성하신 그리스도의 생명력으로 이겨 나갈 수 있을 것이다.

한편 고대 그리스 철학자 소크라테스의 '너 자신을 알라'는 명언은 사람의 본질을 알라는 뜻으로 이해된다. 필자는 어렸을 적부터 부와 명예를 얻는 것보다 유달리 그 의미에 대해 관심이 많았다. 그리고 늦은 나이에 그 답을 성경에서 찾아 하나님의 소명에 따라 누구나 자신의 본질을 쉽게 찾을 수 있도록 두 권의 책에 정리하여 출간한 바 있다.

하나는 처녀작이었던 『알기 쉬운 요한계시록』 개정판에, 또 하나는 『알기 쉬운 산상보훈』이다. 이 책들에 독자들이 영생의 세계인 천국에 대한 목표성과 함께 구원의 확신을 통해 현세부터 영생의 기쁨을 누릴 수 있는 방향성을 담았으며, 해설 부분에 관련 성경을 각주로 달아 비교적 상세히 기술하였다. 둘 다 오직 성경을 기준으로 논리적, 통전적(統全的, holistic)관점에서 조명한 초교파적 안내서로서 변화를 바라는 한국 교회들에 조그만 밀알이 되기를 간절히 바라는 가운데 집필했다.

그리고 본서의 출간을 계획할 때 십일조에 대한 진실을 밝힘으로 성경 말씀의 주인이신 하나님을 기쁘시게 할 것인가, 그 말씀의 참뜻과 권위를 외면하고 물질적 탐심으로 율법에 속한 십일조를 주장하는 위선적인 목사들에 대해 그냥 침묵할 것인가 하는 많은 내적 갈등이 있었다. 결국 단번의 희생 제사로 보여주신 그리스도의 경이로우신 사랑과 복음의 진리를 배반할 수 없어 십일조가 누룩이 되어 혼탁해진 한국 교회들에 경종을 울리고자 출판하기에 이르렀다.[2]

특히 Standard The Bible, 즉 오직 성경주의의 관점에서 올바

---

2 마 23:28 "이와 같이 너희도 겉으로는 사람에게 옳게 보이되 안으로는 외식과 불법이 가득하도다"
갈 1:10 "이제 내가 사람들에게 좋게 하랴 하나님께 좋게 하랴 사람들에게 기쁨을 구하랴 내가 지금까지 사람들의 기쁨을 구하였다면 그리스도의 종이 아니니라"

른 통전적 이해를 통해, 교회들이 고질화된 우상숭배적인 율법의 십일조 강박에서 벗어나 참 복음 안에서 생명의 길인 성령을 좇아 살아가도록 하려는 데 이 책의 주지가 있다. 또한 말세지말 시대를 살아가는 이때 누군가는 해야 할 일을 먼저 깨달은 자로서, 가슴에 뜨겁게 타오르는 시대적 사명을 좇아 하나님의 은혜 가운데 집필했다.

이 책을 통해, 새 언약에 따라 예수께서 단번의 제사와 부활로 이미 율법을 완성하셨음에도 계속 바쳐짐으로 교회들의 누룩이 되고 있는, 구약시대의 율법에 속한 십일조의 본질적 성격을 심층적으로 분석하여 드러내고자 하였다. 그래서 한국 교회들에 만연해 있는 그리스도의 참된 복음과 배치되는 율법주의와 함께 신약시대와 불합치한 십일조에 관한 성경적 논증으로 그 실체와 문제점들을 밝혀 보았다.

이에 많은 교회들이 오늘날 하나님께 바치고 있는 십일조가 맹목적인지 또는 기복적인지를 되돌아보고 초등학문인 율법 조문에 얽매이지 않고 죄와 사망의 길인 율법주의적 사고에서 해방되기를 기대한다. 또 예수 그리스도 안에서 생명의 성령의 법에 따라 올바른 연보의 방향을 정립함으로써 한층 성숙한 단계로 신앙생활을 업그레이드하는 계기가 되기를 진심으로 바라 마지않는다.

나아가 불로 연단하여 불순물이 섞이지 않은 금처럼 순수한 믿음으로 살아가는 영적 성장과 더불어 오직 자기 안에 찾아오신 성령 안에서 의와 평강과 희락을 누릴 수 있기를 고대해 본다. 그리고 외람되지만 교회의 목회자들과 신학자들에게, 하나님 나라의 확장을 위해 성경을 기준으로 말씀들을 더 곱씹고 연구하는 자세들이 우리 한국 교회들에 절실히 필요한 때임을 재삼 호소드린다.

앞서 강조했듯이 예수께서 온 인류의 죄짐을 홀로 대신 짊어지고 죽었다 부활하신 사실을 믿는 모든 이들에게 '하나님 나라와 그분의 의'를 거저 얻게 하시고 성령을 보내사 율법을 완전하게 하셨다. 이처럼 위대하신 하나님의 사랑과 은혜에 감읍하여 내 영혼 깊은 곳에서 할렐루야!로 감사의 찬양을 올려드리며, 모든 독자들이 복음을 더욱 깊이 깨닫고 하나님의 최고 선물이자 증표인 성령을 좇아 행함으로 그리스도와 동행하며 생명수 강가를 기쁘게 거닐 수 있기를 간절히 소망한다.

끝으로 이 책을 집필하는 데 있어서 모든 지혜가 아버지 하나님으로부터 나옴을 고백하며, 출판하면서 산고를 함께하신 ㈜하움출판사 문현광 대표님을 비롯한 임직원들과 탈고를 도운 아내에게 감사의 마음을 전하며 글을 마친다.

일러두기

Ⅰ부는 하나님께서 유대인들에게 주신 율법의 의의와 종류 등을 성경을 통해 설명하였다. 그리고 구약시대에 아브라함이 전쟁에서 이기고 돌아와 멜기세덱을 만날 때 전리품의 십분의 일을 나누어 주었으며 야곱이 하나님께 평안히 돌아오게 하시오면 십분의 일을 드리겠다고 서원했던 바, 이는 십일조의 기원이 되었다. 이로써 아론의 반차를 따라 이스라엘 백성이 율법시대에 바쳤던 십일조 제도의 유래와 정신에 대해 고찰하였다.

Ⅱ부는 히브리서 7장을 통해, 아론의 반차를 따른 레위 계통의 제사 직분이 멜기세덱의 반차를 따라오신 예수 그리스도 이후 신약시대에는 낡은 옛 법체계임을 규명하고, 십일조 제도가 율법 체제의 일환임을 논증하였다. 나아가 Ⅲ부에서 하나님의 창조에서 시온까지 구원에 관한 경륜과 함께, 단번의 희생 제사를 드리고 부활·승천하신 후 성령을 보내심으로 율법을 완성하신 그리스도에 대해 살펴보았다.

Ⅳ부는 그리스도의 복음과 율법주의에 대한 이해와 더불어, 신앙생활에 있어서 보편적으로 발생하는 믿음의 점진적 단계에 대해 성경을 기준으로 설명하였다. 그리고 Ⅴ부에선 예수께서 온 인류를 죄와 사망의 법에서 해방하심으로 우리가 생명의 성령의 법

을 누리며, 성령 안에서 참 자유를 얻게 되는 생명수 강가로 안내하였다. 또 그리스도의 복음에 대한 사전 포석적 메시지라 할 수 있는 이른바 산상보훈(마 5-7장) 가운데, 천국을 향한 여정에 있어 반드시 알아야 할 핵심적인 주요 내용들을 정리하였다.

Ⅵ부에서 구약시대에 유대인들에게 주어진 율법에 따른 십일조 제도가 참복이신 그리스도 이후 생명의 성령의 법체계에서는 누룩으로 변해 발생하는 폐해들에 대해 고찰하였다. 그리고 신약시대는 이미 폐해진 율법에 따른 십일조 중심의 헌금에서 벗어나 자원하여 수입에 따라 형편에 맞게 마음에 정한 대로 기꺼이 인색하지 않도록 연보를 내는 것이, 하나님께서 기뻐하시며 성경에 부합한다는 논리적 근거를 정립하였다.

마지막 Ⅶ부에 영안이 어두워 그리스도의 복음보다 옛 율법에 따른 탐욕적 십일조를 강조하는 위선적인 모습들이 오늘날 혼탁해진 우리 교회들의 서글픈 현실임을 밝혔다. 따라서 이러한 병폐적인 율법주의로부터 성도들의 신앙을 회복할 수 있도록, 바울이 갈라디아교회에 전한 율법에 대하여 죽어야 하나님 앞에 살 수 있다는 교훈을 한국 교회들에 제언하였다.

일반적으로 자주 쓰이는 고유명사적 단어인 칠년대환난, 천년왕국, 죄사함 등은 붙여쓰기하였다. 그리고 이 책에 기술된 성경 인용은 현재 우리나라 교회들에서 가장 많이 읽혀지는 것으로 보이는 개역개정본을 사용하였으며, 필요시 다른 번역 성경을 참조하여 이해를 도왔다.

차례

책을 펴내며 • 4
일러두기 • 18

I 율법과 십일조의 이해
1. 율법의 의의와 종류 • 25
2. 십일조의 유래와 정신 • 34

II 율법과 십일조 제도의 관계
1. 히브리서 7장의 해설 • 49
2. 율법에 따른 십일조 제도 • 61

III 그리스도와 율법의 관계
1. 창조에서 시온까지 • 79
2. 다 이루신 예수 그리스도 • 86

Ⅳ 복음과 율법주의

1. 참복음 • **99**
2. 율법주의 • **118**
3. 믿음의 점진적 단계 • **131**

Ⅴ 생명수 강가로 안내

1. 생명의 성령의 법 • **147**
2. 성령 안에 참자유 • **157**
3. 천국을 향한 여정 • **168**

Ⅵ 십일조의 폐해와 합당한 연보

1. 누룩을 경계하신 그리스도 • **187**
2. 성경적 의미의 합당한 연보 • **202**

Ⅶ 한국 교회들에 대한 제언

1. 오늘날 한국 교회들의 모습 • **223**
2. 교회들에 나타난 가장 큰 병폐들 • **227**
3. 율법에 대해 죽어야 하나님에 대하여 살 수 있다 • **231**

참고문헌 • **237**
인용한 성경 • **239**

I

율법과 십일조의 이해

본래 죄가 아담과 하와를 통해 사람에 들어와 하나님과의 관계가 멀어졌으나 하나님께서는 먼저 이스라엘 민족을 택하사 율법을 중심으로 죄를 깨닫게 하셨다. 이 율법이 공의의 기준이 되어 구원의 길로 안내하는 초등교사로서의 역할을 담당했으며, 그리스도의 구속을 믿는 자들에게 인쳐진 성령 안에 하나님의 나라와 그분의 의義가 이루어짐으로 율법이 완성되었다. 따라서 우리가 율법을 바르게 이해할 때 하나님의 인류에 대한 구원의 경륜과 섭리를 더 온전히 깨닫게 된다. 이를 위해 본 장은 당시 유대인들의 삶의 지침이 되었던 율법의 의의와 종류, 그리고 율법이 지배하는 사회 유지의 근간이 되었던 십일조의 유래와 정신에 대해 살펴본다.

1. 율법의 의의와 종류

1) 율법의 의의

첫 사람 아담이 하나님의 말씀에 불순종하여 선악과를 먹음으로 인해 온 인류가 죄를 알게 되어 영벌로 죽게 될 상황에 처해졌다. 하지만 하나님의 긍휼하심과 사람들을 버리지 않으시려는 구원의 섭리와 경륜에 따라, 둘째 아담이신 예수께서 초림하시기까지 유대인들에게 죄를 깨닫도록 한시적으로 주신 계명과 규범들이 율법이었다.

이 율법은 이스라엘 민족이 출애굽 당시에 하나님께서 주셨으며[3] 이른바 모세오경이라고 일컫는 창세기, 출애굽기, 레위기, 민수기, 신명기 기록들에 모두 나타나 있다.[4] 이는 한마디로 모세를 통해 시내산에서 주신 십계명을 비롯하여, 레위의 제사 직분에 필요한 의식들에 관한 명령과 규례들, 그리고 유대 사회를 유지하기 위해 필요한 법령과 모든 생활과 행위에 대한 규정들이다.

율법은 이스라엘 백성들의 종교, 정치, 사회, 문화 등 생활 전반을 지배하는 거룩하신 하나님의 명령이었으며, 인간의 죄성을 드러냄으로 죄를 깨닫게 하시는 데 원래 목적이 있었다. 그리고 그 기능은 인류를 '하나님 나라와 그분의 의義'를 얻게 하고자 그리스도께로 인도하는 그림자였다. 따라서 그리스도의 복음을 온전

---

[3] 요 1:17 "율법은 모세로 말미암아 주어진 것이요 은혜와 진리는 예수 그리스도로 말미암아 온 것이라"
[4] 강신해, 『알기 쉬운 산상보훈』 (경기 : 베드로서원, 2023), 197.

히 깨닫기 위해 유대인, 이방인을 막론하고 율법에 대한 이해가 필요하다.

대표적 율법은 십계명이라고 할 수 있는 바, 이는 사람들의 죄를 깨닫게 하지만 어느 누구도 지켜낼 수 없어 거룩하신 하나님 앞에서 우리 스스로를 바라보는 거울이 될 뿐이다.[5] 이처럼 율법은 죄를 해결하지 못하고 오히려 이로 인해 죄가 권능을 갖고 결국 사람이 사망에 이르게 되므로, 새 언약에 따른 신약시대에 우리가 해방되어야 할 죄와 사망의 법에 속한다고 할 수 있다.[6]

> 내가 너희를 아버지께 고소할까 생각지 말라 너희를 고소하는 이가 있으니 곧 모세니라 모세를 믿었더면 또 나를 믿었으리니 이는 그가 내게 대하여 기록하였음이라 그러나 그의 글도 믿지 아니 하거든 어찌 내말을 믿겠느냐 하시니라 (요 5:45-47)

그리고 "내가 율법으로 말미암아 율법에 대하여 죽었나니 이는 하나님에 대하여 살려 함이라"(갈 2:19)는 바울의 말이 시사하듯이, 옛 율법은 사람이 하나님 앞에 살기 위해 의를 얻도록 그리스도 앞으로 인도하는 한시적인 몽학선생에 지나지 않는다.[7] 오직 그리스도의 구속을 믿음으로 성령을 받아 하나님 나라와 그분의 의에 이르게 되는 바, 율법의 행위로 의를 얻으려는 자는 그리스도의 은

---

[5] 롬 3:19 "우리가 알거니와 무릇 율법이 말하는 바는 율법 아래에 있는 자들에게 말하는 것이니 이는 모든 입을 막고 온 세상으로 하나님의 심판 아래에 있게 하려 함이라"

[6] 고전 15:56-57 "사망이 쏘는 것은 죄요 죄의 권능은 율법이라 우리 주 예수 그리스도로 말미암아 우리에게 승리를 주시는 하나님께 감사하노니"

[7] 갈 3:24-25 "이같이 율법이 우리를 그리스도께로 인도하는 초등교사가 되어 우리로 하여금 믿음으로 말미암아 의롭다 함을 얻게 하려 함이라 믿음이 온 후로는 우리가 초등교사 아래에 있지 아니하도다"

혜에서 떨어질 수 밖에 없는 것이다.[8]

한편 예수께서 "내가 율법이나 선지자를 폐하러 온 줄로 생각하지 말라 폐하러 온 것이 아니요 완전하게 하려 함이라"(마 5:17)고 말씀하셨다. 이는 구약시대의 율법이 본질상 의를 추구하지만 사람의 행위로는 온전히 이룰 수 없어, 친히 바치게 될 단번의 희생제사와 성령의 인침을 통해 하나님 나라와 그분의 의를 완성하시겠다는 예언적 함의다.

결국 십자가 위에서 드린 그리스도의 단번의 제사로 인해 인류의 모든 죄를 정결케 하신 일을 다 이루시고 부활하사, 이를 마음에 믿는 자들에게 성령을 인치심으로 구원의 역사를 완성하셨다.[9] 그래서 율법의 궁극의 목표는 변함이 없지만, 그리스도를 구주로 믿는 자들에게 하나님 나라와 그분의 의가 이루어짐으로써 아무것도 온전케 못하는 율법 자체는 사실상 무익하게 된 것이다.

> 나라가 임하시오며 뜻이 하늘에서 이루어진 것 같이 땅에서도 이루어지이다 (마 6:10)

> 예수께서 신 포도주를 받으신 후에 이르시되 다 이루었다 하시고 머리를 숙이니 영혼이 떠나가시니라 (요 19:30)

이렇듯 인류는 그리스도의 속량을 깨달아 믿음으로 죄사함을 받고 하나님의 의를 거저 얻어 율법이 바라는 의를 온전히 이룰

---

[8] 갈 5:4 "율법 안에서 의롭다 함을 얻으려 하는 너희는 그리스도에게서 끊어지고 은혜에서 떨어진 자로다"
[9] 히 1:3 "이는 하나님의 영광의 광채시요 그 본체의 형상이시라 그의 능력의 말씀으로 만물을 붙드시며 죄를 정결하게 하는 일을 하시고 높은 곳에 계신 지극히 크신 이의 우편에 앉으셨느니라"

수 있게 되었다. 율법의 행위가 아닌, 오직 그리스도의 아가페적 사랑으로 죄를 대속하심에 대한 믿음을 통해 오롯이 율법을 완전하게 하신 것이다.

이 율법은 당초 이스라엘 백성에게 주어져 이방인과는 무관했지만, 복음은 그리스도 안에서 모든 이방인도 함께 상속자가 되었다.[10] 신자들이 더러 구원의 확신을 갖지 못한 것은, 예수께서 이루신 인류를 죄로부터 구속하신 일을 지식적으로는 이해할지라도 마음에 깨달은 자로서 믿음을 갖지 못하고, 자기 의로써 열심을 이루어 구원을 얻으려는 율법주의적 사고가 남아있기 때문으로 보인다.

하나님은 야고보를 통해, 이방인 중에서 돌아온 자들을 율법으로 괴롭게 하지 말고, 다만 우상의 제물과 음행과 목매인 것과 피를 멀리하라고 하신 것을 볼 수 있다. 또한 예수께서는 단번의 제사로 온 율법을 다 이루시고, 인류에게 옛 계명 대신 새 언약에 따라 그리스도의 율법인 서로 사랑하라는 새 계명으로 자유케 하사 생명의 성령의 법으로 인도하고 계신다.

> 그러므로 내 의견에는 이방인 중에서 하나님께로 돌아오는 자들을 괴롭게 하지 말고 다만 우상의 더러운 것과 음행과 목매어 죽인 것과 피를 멀리하라고 편지하는 것이 옳으니 (행 15:19-20)

그러므로 그리스도의 복음은, 옛 율법 체계에서 해방되어 성령을 좇아 하나님을 사랑하며 우리가 서로 사랑하도록, 생명의 성령

---

[10] 엡 3:6 "이는 이방인들이 복음으로 말미암아 그리스도 예수 안에서 함께 상속자가 되고 함께 지체가 되고 함께 약속에 참여하는 자가 됨이라"

의 법으로 패러다임이 완전히 전환된 시스템이다. 사람의 힘으로는 절대 율법을 지킬 수 없어 죄악 속에서 벗어날 수 없다는 사실을 깨닫게 하시고, 오직 그리스도의 속량을 믿는 자들에게 하나님 나라와 그분의 의를 거저 얻게 하사 죽어 있는 우리의 영(생명)을 살리심으로 경이롭고 위대하신 사랑을 나타내신 것이다.

> 그러므로 율법의 행위로 그의 앞에 의롭다 하심을 얻을 육체가 없나니 율법으로는 죄를 깨달음이니라 이제는 율법 외에 하나님의 한 의가 나타났으니 율법과 선지자들에게 증거를 받은 것이라 곧 예수 그리스도를 믿음으로 말미암아 모든 믿는 자에게 미치는 하나님의 의니 차별이 없느니라 (롬 3:20-22)

2) 율법의 종류

유대 사회에 주어졌던 율법은, 좁은 의미에서 모세가 시내산에서 받은 십계명을 가리키며 넓은 의미로는 이른바 모세오경에 담긴 613가지의 명령, 규례, 법령, 규정 등을 지칭한다. 이는 다음과 같이 도덕적, 제사적, 규범적 조문으로 분류되며 248가지 행령(지켜야 할 법)과 365가지 금령(하지 말아야 할 법)으로 나누어진다.[11]

---

11 http://blog.naver.com/free_1026/220742763838 (613가지 율법정리) 참고.

율법의 유형

도덕적 율법은 모세가 출애굽 후 시내산에서 하나님으로부터 받은 십계명, 즉 너는 나 외에 다른 신들을 네게 두지 말라, 우상숭배하지 말라, 여호와의 이름을 망령되게 부르지 말라, 안식일을 거룩히 하라, 부모를 공경하라, 살인하지 말라, 간음하지 말라, 도둑질하지 말라, 네 이웃에 대하여 거짓 증거하지 말라, 네 이웃의 집을 탐내지 말라 등을 말한다.

○ 십계명 : 출 20:1-17 (제1~4계명 하나님에 대한 사랑, 제5~10계명 이웃에 대한 사랑)

제사적 율법은 이스라엘 백성 가운데 레위 지파가 담당했던 제사를 규율하며, 제사 직분 체계와 유대 사회를 유지하기 위한 십일조 제도 그리고 화목제, 속죄제, 속건제 등의 제사와 각 절기의 의식에 관한 명령과 규례들이다.

○ 십일조 : 민 18:21-31, 신 12:14-19, 14:22-29, 레 27:32
○ 화목제 : 레 3:1 (번제 - 레 1:3, 소제 - 레 2:1)
○ 속죄제 : 레 4:3,14,24,29
○ 속건제 : 레 5:6,14, 6:6
○ 의식법 : 출 25:1-40:38

규범적 율법은 하나님께서 이스라엘 백성들에게 요구하시는 생활 규범으로서, 유대 국가의 존속과 사회질서를 유지하고 음식물과 위생 등 일상생활에 관련한 모든 법령과 규정들이다.

○ 시민법 : 출 21:1-24:18
○ 음식법 : 레 11장
○ 민　법 : 신 19-26장

　　예수께서 오시기까지 모세의 율법이 이스라엘 백성의 삶의 기준이 되었지만, 온 인류의 구원을 위해 이 세상에 오신 그리스도를 구주로 믿는 자들에게 성령이 인쳐짐으로 율법이 완전하게 되었다. 그러므로 이제 유대인이든 이방인이든 무론하고 옛 율법 체계에서 벗어나, 우리의 심령에 새 영으로 오신 성령을 좇아 하나님을 사랑하고 우리가 서로 사랑하며 살아가는 것이 복음의 요체요 새 언약 아래서 자유케 하신 그리스도의 율법인 것이다.[12]

> 율법 없는 자에게는 내가 하나님께는 율법 없는 자가 아니요 도리어 그리스도의 율법 아래에 있는 자이나 율법 없는 자와 같이 된 것은 율법 없는 자들을 얻고자 함이라　　　　　　　　　　(고전 9:21)

12　겔 36:26-27 "또 새 영을 너희 속에 두고 새 마음을 너희에게 주되 너희 육신에서 굳은 마음을 제거하고 부드러운 마음을 줄 것이며 또 내 영을 너희 속에 두어 너희로 내 율례를 행하게 하리니 너희가 내 규례를 지켜 행할지라"
　　갈 5:16 "내가 이르노니 너희는 성령을 따라 행하라 그리하면 육체의 욕심을 이루지 아니하리라"

율법의 완성

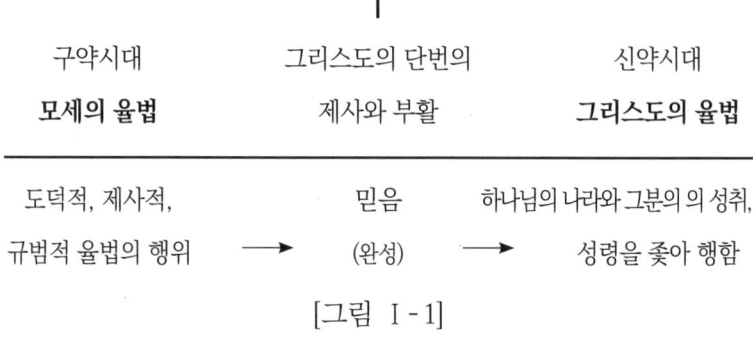

[그림 Ⅰ-1]

예수께서 "보혜사 곧 아버지께서 내 이름으로 보내실 성령 그가 너희에게 모든 것을 가르치고 내가 너희에게 말한 모든 것을 생각나게 하리라"(요 14:26)고 예언하신 대로, 돌판에 새겨지고 조문화된 율법이 이제는 성도들의 마음에 성령으로 기름부어짐에 따라 우리 안에서 그분이 친히 모든 것을 가르치며 인도하고 계신다. 그래서 우리가 항상 성령을 의지하는 삶 속에서 그리스도와 동행하며 의와 평강과 희락의 하나님 나라를 맛볼 수 있게 되었다.[13]

여호와의 말씀이니라 보라 날이 이르리니 내가 이스라엘 집과 유다 집에 새 언약을 맺으리라 이 언약은 내가 그들의 조상들의 손을 잡고 애굽 땅에서 인도하여 내던 날에 맺은 것과 같지 아니할 것은 내가 그들의 남편이 되었어도 그들이 내 언약을 깨뜨렸음이라 여호와의 말씀이니라 그러나 그 날 후에 내가 이스라엘 집과 맺을 언약은 이러하니 곧 내가 나의 법을 그들의 속에 두며 그들의 마음에 기록하여 나는 그들의 하나

---

13 롬 14:17 "하나님의 나라는 먹는 것과 마시는 것이 아니요 오직 성령 안에 있는 의와 평강과 희락이라"

님이 되고 그들은 내 백성이 될 것이라 여호와의 말씀이니라
(렘 31:31-33)

너희는 주께 받은 바 기름 부음이 너희 안에 거하나니 아무도 너희를 가르칠 필요가 없고 오직 그의 기름 부음이 모든 것을 너희에게 가르치며 또 참되고 거짓이 없으니 너희를 가르치신 그대로 주 안에 거하라
(요일 2:27)

그러므로 우리는 오직 그리스도의 대속을 마음에 믿을 때 성령의 인침과 더불어 죄로부터 속량을 받아 '하나님의 의'를 거저 얻고 거듭나 '하나님 나라'에 속한 자가 되었다. 따라서 앞서 〔그림 Ⅰ-1〕에서 보듯이, 구약시대에 행했던 율법이 지향하는 바는, 결국 신약시대에 있어서 성령 안에 이루어지는 '하나님 나라와 그분의 의'의 성취라고 정의할 수 있다.

그리고 예수께서는, 온 율법과 선지자의 강령과 똑같은 하나님을 사랑하고 내 이웃을 사랑하라는 가장 큰 두 계명을 주셨다.[14] 이는 하나님의 구원의 경륜에 따라 시기는 다를지라도 그분의 거룩하신 속성의 본질은 구약시대나 신약시대, 그리스도 이전이나 이후 언제든지 항상 불변이심을 보여준다.

예수께서 이르시되 네 마음을 다하고 목숨을 다하고 뜻을 다하여 주 너의 하나님을 사랑하라 하셨으니 이것이 크고 첫째 되는 계명이요 둘째도 그와 같으니 네 이웃을 네 자신같이 사랑하라 하셨으니 이 두 계명이 온 율법과 선지자의 강령이니라
(마 22:37-40)

---

14 요 13:34 "새 계명을 너희에게 주노니 서로 사랑하라 내가 너희를 사랑한 것 같이 너희도 서로 사랑하라"

> 예수께서 대답하시되 첫째는 이것이니 이스라엘아 들으라 주 곧 우리 하나님은 유일한 주시라네 마음을 다하고 목숨을 다하고 뜻을 다하고 힘을 다하여 주 너의 하나님을 사랑하라 하신 것이요 둘째는 이것이니 네 이웃을 네 자신과 같이 사랑하라 하신 것이라 이보다 더 큰 계명이 없느니라 (막 12:29-31)

2. 십일조의 유래와 정신

1) 십일조의 유래

아브라함이 전쟁에서 이기고 돌아와 전리품의 십분의 일을 하나님의 대제사장이었던 멜기세덱에게 나누어 주었으며, 야곱이 벧엘에서 아버지한테 무사히 돌아오게 하시오면 소득의 십분의 일을 여호와 하나님께 바치겠다고 서원했다.

이는 만유의 주인으로서 모든 주권을 가지고 인도하시는 하나님을 경외하며 그분의 사랑과 은혜에 대한 감사의 표시로 자원하여 이루어진 일들이었으며, 신정국가 체제에서 레위의 제사 직분 체계를 위한 율법에 따른 의무적인 십일조 제도의 기원이 되었다.

이후 예수께서 단번의 희생 제사로 온 인류의 죄를 대속하시고 부활·승천하사 성령을 보내주심으로 하나님의 주권을 우리 심령 안에 다 이루시고 율법을 완전하게 하셨으므로, 이제 율법시대의 모든 십일조 제도는 무익해졌다.

따라서 레위 계통의 제사적 율법의 뿌리가 되었던 아브라함이 나누어준 십분의 일과, 신정국가에서 레위 계통의 제사 직분자들과 이스라엘 백성을 위한 십일조의 유형과 본질적 성격,[15] 그리고 그리스도의 대속의 은혜로 율법이 완성되기까지 하나님의 주권이 성취되는 과정에 대해 살펴본다.

아브라함의 십분의 일

족장시대에 아브라함이 전쟁에서 이기고 돌아올 때에 그에게 축복하고 지극히 높으신 하나님을 찬양한 살렘 왕 멜기세덱에게 전리품의 십분의 일을 주었다. 그는 대제사장이자 영원한 의와 평강의 왕으로 일컫는 멜기세덱에게, 모든 주권을 가지신 하나님의 인도하심에 대해 감사함으로 자원하여 나누어 주었던 것이다. 이때 '십분의 일'은 성경 역사상 최초의 사건으로서 율법에 속한 십일조 제도의 근간이 되었다.

> 아브람이 그돌라오멜과 그와 함께 한 왕들을 쳐부수고 돌아올 때에 소돔 왕이 사웨 골짜기 곧 왕의 골짜기로 나와 그를 영접하였고 살렘 왕 멜기세덱이 떡과 포도주를 가지고 나왔으니 그는 지극히 높으신 하나님의 제사장이었더라 그가 아브람에게 축복하여 이르되 천지의 주재이시요 지극히 높으신 하나님이여 아브람에게 복을 주옵소서 너희 대적을 네 손에 붙이신 지극히 높으신 하나님을 찬송할지로다 하매 아브람이 그 얻은 것에서 십분의 일을 멜기세덱에게 주었더라 (창 14:17-20)

레위의 아들들 가운데 제사장의 직분을 받은 자들은 율법을 따라 아브라함의 허리에서 난 자라도 자기 형제인 백성에게서 십분의 일을 취하

---

15 히 7:9-10 "또한 십분의 일을 받는 레위도 아브라함으로 말미암아 십분의 일을 바쳤다고 할 수 있나니 이는 멜기세덱이 아브라함을 만날 때에 레위는 이미 자기 조상의 허리에 있었음이라"

라는 명령을 받았으나 (히 7:5)

야곱의 십분의 일

이어 야곱은 외삼촌 라반을 찾아가던 중 벧엘에서, 하나님이 자기를 지키시고 떡과 옷을 주시어 아버지 집으로 평안히 돌아가게 하시오면 여호와께서 나의 하나님이 되실 것이요 소득의 십분의 일을 드리겠다고 서원하였다. 이때 야곱이 드리려고 한 십분의 일 역시, 하나님의 주권적 인도하심에 대해 감사함으로 자원하여 바치겠다고 약속하는 것을 볼 수 있다.

> 야곱이 서원하여 이르되 하나님이 나와 함께 계셔서 내가 가는 이 길에서 나를 지키시고 먹을 떡과 입을 옷을 주시어 내가 평안히 아버지 집으로 돌아가게 하시오면 여호와께서 나의 하나님이 되실 것이요 내가 기둥으로 세운 이 돌이 하나님의 집이 될 것이요 하나님께서 내게 주신 모든 것에서 십분의 일을 내가 반드시 하나님께 드리겠나이다 하였더라
> (창 28:20-22)

이렇듯 족장시대에 아브라함과 야곱이 자원하여 바치는 십분의 일에 이어, 신정국가에서 율법시대의 레위의 제사 체계와 이스라엘 백성을 위해 그 자녀들에게 의무적으로 부여된 산물에 대한 십일조의 유형은 다음과 같이 세 가지로 분류할 수 있다.

즉, 레위인과 레위 제사장들, 이스라엘 자녀들과 노비들과 레위인, 또 매 삼 년 끝에 레위인과 객과 고아와 과부들을 위한 십일조 제도들이다. 그리고 이와 별도로 이스라엘 백성이 요구함에 따라 세워진 왕의 통치를 위해 별도로 바치는 십일조가 있다.

레위 자손과 레위 제사장들을 위한 십일조

하나님께서는 이스라엘 백성들 가운데 제사를 담당하는 레위 지파를 제외한 모든 지파는 산물의 십분의 일을 기업이 없는 레위 자손에게 기업으로 주게 하셨다. 이때 레위인들은 십일조의 십분의 일을 거제로 여호와께 드려 레위 제사장들의 몫으로 하셨던 것을 볼 수 있다. 그리고 모든 소나 양들의 십일조는 우리에 넣을 때 목자의 지팡이 아래로 통과하는 것의 열 번째의 것마다 여호와의 성물이 되도록 하셨다.[16]

> 내가 이스라엘의 십일조를 레위 자손에게 기업으로 다 주어서 그들이 하는 일 곧 회막에서 하는 일을 갚나니 이 후로는 이스라엘 자손이 회막에 가까이 하지 말 것이라 죄값으로 죽을까 하노라 그러나 레위인은 회막에서 봉사하며 자기들의 죄를 담당할 것이요 이스라엘 자손 중에는 기업이 없을 것이니 이는 너희 대대에 영원한 율례라 이스라엘 자손이 여호와께 거제로 드리는 십일조를 레위인에게 기업으로 주었으므로 내가 그들에 대하여 말하기를 이스라엘 자손 중에 기업이 없을 것이라 하였노라 (민 18:21-24)

> 너는 레위인에게 말하여 그에게 이르라 내가 이스라엘 자손에게 받아 너희에게 기업으로 준 십일조를 너희가 그들에게서 받을 때에 그 십일조의 십일조를 거제로 여호와께 드릴 것이라 (민 18:26)

성소 봉사를 위해 레위 지파를 구별하신 이유는, 출애굽할 때 시내산에서 모세가 십계명이 쓰여진 돌판을 받아 내려오는 동안 이스라엘 백성이 금송아지를 만들어 경배하였으나, 레위 자손만이

---

[16] 레 27:32 "모든 소나 양의 십일조는 목자의 지팡이 아래로 통과하는 것의 열 번째의 것마다 여호와의 성물이 되리라"

유일하게 하나님의 편에서 저항하며 충성하였기 때문이다. 그래서 그들에게 회막의 일을 맡기시고 십일조를 기업으로 주셨던 것이다.[17]

> 이에 모세가 진 문에 서서 이르되 누구든지 여호와의 편에 있는 자는 내게로 나아오라 하매 레위 자손이 다 모여 그에게로 가는지라 모세가 그들에게 이르되 이스라엘의 하나님 여호와께서 이렇게 말씀하시기를 너희는 각각 허리에 칼을 차고 진 이 문에서 저 문까지 왕래하며 각 사람이 그 형제를, 각 사람이 자기의 친구를, 각 사람이 자기의 이웃을 죽이라 하셨느니라 레위 자손이 모세의 말대로 행하매 이 날에 백성 중에 삼천 명 가량이 죽임을 당하니라 모세가 이르되 각 사람이 자기의 아들과 자기의 형제를 쳤으니 오늘 여호와께 헌신하게 되었느니라 그가 오늘 너희에게 복을 내리시리라   (출 32:26-29)

이스라엘 백성의 자녀들과 노비와 레위인을 위한 십일조

또한 레위를 제외한 이스라엘 백성이 바친 토지 소산인 곡식과 포도주와 기름의 십일조와 소나 양의 처음 난 것과 또 서원 예물과 낙헌 예물과 손의 거제물을 각 성에서 먹지 말고, 하나님께서 택하신 곳에서 그들의 자녀들과 노비와 레위인이 함께 하나님께 감사하며 즐거워하도록 하셨다. 이때 특별히 스스로 조심하여 따로 기업이 없는 레위인을 저버리지 않도록 주의하라고 하셨다.

> 너는 곡식과 포도주와 기름의 십일조와 네 소와 양의 처음 난 것과 네 서원을 갚는 예물과 네 낙헌 예물과 네 손의 거제물은 네 각 성에서 먹지 말고 오직 네 하나님 여호와께서 택하실 곳에서 네 하나님 여호와 앞에

---

17 민 18:21 "내가 이스라엘의 십일조를 레위 자손에게 기업으로 다 주어서 그들이 하는 일 곧 회막에서 하는 일을 갚나니"

서 너는 네 자녀와 노비와 성중에 거주하는 레위인과 함께 그것을 먹고 또 네 손으로 수고한 모든 일로 말미암아 네 하나님 여호와 앞에서 즐거워하되 너는 삼가 네 땅에 거주하는 동안에 레위인을 저버리지 말지니라 (신 12:17-19)

매 삼 년 끝에 레위인과 객과 고아와 과부들을 위한 십일조

또 레위를 제외한 이스라엘 백성은 매 삼 년 끝에 그 해 소산의 십분의 일을 성읍에 저축하게 하셨다. 이렇게 바쳐진 십일조는 그들 가운데 함께 나눌 유산이나 기업이 없는 레위인과 성중에 거하는 객과 고아와 과부들이 먹고 배부르게 하도록 쓰여졌다. 여기서 우리는 하나님께서 특별히 구별하신 레위인에 대한 사랑과 더불어 세상 어두운 곳에 미치는 그분의 세심하신 자비와 긍휼하심을 느낄 수 있다.

매 삼 년 끝에 그 해 소산의 십분의 일을 다 내어 네 성읍에 저축하여 너희 중에 분깃이나 기업이 없는 레위인과 네 성중에 거류하는 객과 및 고아와 과부들이 와서 먹고 배부르게 하라 그리하면 네 하나님 여호와께서 네 손으로 하는 범사에 네게 복을 주시리라 (신 14:28-29)

왕의 통치를 위한 십일조

그리고 신정국가 체제에서 이스라엘 백성들이 왕을 요구함에 따라, 통치자로서 세워진 왕은 곡식과 포도원 소산의 십일조와 양 떼의 십분의 일을 거두어 그의 관리와 신하에게 나누어 주도록 하셨다. 이때 왕은 자기의 일을 위해 노비와 소년과 나귀들을 끌어다가 시키도록 하셨다.

이처럼 레위의 제사 체계 유지를 위한 십일조와 별도로, 왕의 통치를 위한 십일조 제도는 일면 현대 국가에서의 조세 성격으로 읽혀진다.

> 그가 또 너희의 곡식과 포도원 소산의 십일조를 거두어 자기의 관리와 신하에게 줄 것이며 그가 또 너희의 노비와 가장 아름다운 소년과 나귀들을 끌어다가 자기 일을 시킬 것이며 너희의 양 떼의 십분의 일을 거두어 가리니 너희가 그의 종이 될 것이라 (삼상 8:15-17)

앞서 십일조의 기원이 되는 족장시대의 아브라함이 나누어준 십분의 일과 야곱이 서원한 십분의 일은, 어려운 상황에 처해질 때 주권적으로 도우시는 하나님께 자발적으로 이루어진 행위들이었다. 이는 성경 가운데 일회적인 일들로서 하나님의 인류의 구원에 대한 원대하신 경륜 가운데 율법시대를 예비하시는 사전 포석의 일환으로 읽혀진다.

몇백 년 후에, 족장시대에 자원하여 나누어준 십분의 일이 신정국가에서 율법에 속한 의무적인 십일조 제도가 되었다. 그래서 이는 만유의 주인이신 하나님께 드리는 제사를 담당한 레위 자손의 제반 경비 및 생활 유지와, 더불어 이스라엘 백성들과 자녀들과 노비들과 레위인이 함께 즐겁게 먹으며, 또 고아와 과부 등 경제적 약자들을 위해 주로 쓰여졌다.

이때 아브라함이 나누어준 십분의 일과 율법에 따라 바치는 레위 계통의 십일조는, 모두 하나님을 경외하며 그분의 주권을 절대적으로 인정한다는 점에서 동질적이다.[18] 하지만 율법에서 정한

---

18 말 2:5 "레위와 세운 나의 언약은 생명과 평강의 언약이라 내가 이것을 그에게 준 것은 그로 경외하게 하려 함이라 그가 나를 경외하고 내 이름을 두려워하였으며"

십분의 일로 운용되는 아론의 반차인 레위 계통의 제사 직분으로는 온전함을 얻을 수 없었다. 따라서 레위 제사와 전혀 무관한 유다 계통의 멜기세덱의 반차인 그리스도의 구속을 통해 율법을 완성하신 것이다.

이에 따라 인류를 구원하시는 하나님의 경륜의 대전환을 맞아 율법 대신 성령을 보내심으로써 레위 제사에 필요한 십일조 제도는 사실상 필요 없게 되었다. 멜기세덱의 반차를 따르는 별다른 제사장이신 그리스도의 속량으로 인해 율법의 마침이 되셨으며, 새 언약에 따라 이를 믿는 성도들의 마음 판에 인쳐진 성령을 통해 하나님의 주권을 성취하심으로 인도하고 계시기 때문이다.

게다가 히브리서 기자는 "또한 십분의 일을 받는 레위도 아브라함으로 말미암아 십분의 일을 바쳤다고 할 수 있나니 이는 멜기세덱이 아브라함을 만날 때에 레위는 이미 자기 조상의 허리에 있었음이라"(히 7:9-10)고 한다.

이는 아브라함이 제사장인 멜기세덱에게 십분의 일을 나누어줄 때 레위가 이미 그의 허리에 있었으므로 레위 제사를 위해 십일조를 바침으로 시작된 율법의 기원이 아브라함이었음을 확실히 보여준다. 그리고 하나님께서 복의 근원이자 믿음의 조상인 아브라함을 통해 몇백 년 후에 그의 자손으로 태어나 제사를 담당할 레위 지파를 위해 이미 십일조를 계획하셨음을 말해준다.

이어 그는 "레위 계통의 제사 직분으로 말미암아 온전함을 얻을 수 있었으면 (백성이 그 아래에서 율법을 받았으니) 어찌하여 아론의 반차를 따르지 않고 멜기세덱의 반차를 따르는 다른 한 제사장을 세울 필요가 있느냐"(히 7:11)고 역설한다.

이는 아론의 반차인 율법으로 온전함을 이룰 수 없어 먼저 하나님께서 멜기세덱의 반차로서 그리스도를 예정하셨으며, 아브라함이 멜기세덱에게 나누어준 십분의 일이 율법을 완성하시고자 오실 그리스도를 예표하는 것이었음을 시사한다.[19]

결론적으로 아브라함의 십분의 일과 레위의 십일조 제도는 본질적으로 같으며 그리스도 안에서 제사적 율법의 설계를 위해 절대 필요한 하나의 뿌리이자 줄기였음을 알 수 있다. 구원의 때가 이르러 그리스도의 구속으로 인해 율법을 다 이루시고 마침이 되셨기에 우리를 자유케 하신 생명의 성령의 법에 따라 무익한 십일조 제도 역시 마땅히 폐해지고 변해야 하는 것이다.

2) 십일조의 정신

전술한 대로 족장시대에 아브라함이 자원하여 멜기세덱에게 전리품의 십분의 일을 나누어 주었으며, 야곱은 하나님께서 자기의 길을 지키시고 도우시면 소득의 십분의 일을 드리겠다고 서원하였다.

그리고 신정국가였던 이스라엘의 백성은 율법시대에 용처에 따라 산물의 십일조를 의무적으로 바쳤으며, 이는 따로 기업이 없는 제사를 담당했던 레위 지파를 비롯해 이스라엘 백성의 자녀와 노

---

[19] 히 7:1-4 "이 멜기세덱은 살렘 왕이요 지극히 높으신 하나님의 제사장이라 여러 왕을 쳐서 죽이고 돌아오는 아브라함을 만나 복을 빈 자라 아브라함이 모든 것의 십분의 일을 그에게 나누어 주니라 그 이름을 해석하면 먼저는 의의 왕이요 그 다음은 살렘 왕이니 곧 평강의 왕이요 아버지도 없고 어머니도 없고 족보도 없고 시작한 날도 없고 생명의 끝도 없어 하나님의 아들과 닮아서 항상 제사장으로 있느니라 이 사람이 얼마나 높은가를 생각해 보라 조상 아브라함도 노략물 중 십분의 일을 그에게 주었느니라"

비와 객이 함께 즐기며 또 형편이 어려운 고아와 과부 등 경제적 약자들을 위해 쓰여졌다.

이처럼 십일조 제도의 내력을 통해 드러나듯이, 구약시대에 십일조의 정신은 만유의 주인이신 하나님을 경외하며 이웃 사랑에 대한 실천이었다. 대표적 율법이라고 일컫는 십계명이 한마디로 '하나님을 사랑하며 이웃을 사랑하라'는 의미였던 것처럼, 하나님께서 이에 대하여 레위의 제사 직분 체계인 율법 사회의 이스라엘 백성을 십일조 제도를 통하여 가르치고 훈련하셨던 것이다. 여기서 우리는 십일조 정신이 율법의 정신과 일치함을 읽을 수 있다.

때가 이르러 예수께서 모든 피조물의 영원한 대속을 위해 단번의 제사로 피 흘려 죽으시고 부활하사 율법을 완전하게 이루셨으므로, 더 이상 율법에 따라 속죄를 위해 레위 계통의 제사를 드릴 필요가 없어졌다. 아울러 율법시대에 제사를 담당한 레위 지파와 사회 유지를 위해 사용된 십일조 제도 역시 오실 그리스도의 그림자로서 그 본체가 나타나심으로 율법이 성취되어 효용 가치가 사라져 버렸다.

이렇듯 신정국가 체계에서 하나님의 절대적 주권에 순종하며 바쳐졌던 율법의 십일조는, 이제 친히 단번의 희생 제사로 이루신 그리스도의 구속을 믿는 자들의 마음에 성령이 인쳐져 하나님의 모든 주권이 성도들 안에 완성됨으로써 무익해졌다. 성령 안에서 율법의 궁극의 목표인 하나님 나라와 그분의 의가 이루어지고, 동시에 율법으로부터 자유를 얻었으므로 십일조 제도가 필요 없게 된 것이다.

따라서 신약시대는 하나님의 구원에 대한 경륜의 변천에 따라 죄와 사망의 길인 율법에서 벗어나 생명의 성령의 법을 좇아 살아가야 한다.[20] 성도들이 율법시대처럼 십일조를 바침으로 복을 받는 것이 아니라, 성령 안에서 모든 주권을 이루신 하나님의 은혜에 감사하며 복음전도와 구제사업 등 원활한 진행을 위하여 자원하여 연보를 하고 도울 때, 하나님을 사랑하고 이웃을 사랑하는 자로서 언젠가 행한 대로 보응을 얻게 될 것이다.

구약시대에 십일조의 용처들에는 신약시대의 성도들이 내는 연보가 쓰여져 할 방향성, 즉 이른바 십일조의 정신이 함의되어 있다. 이에 따라 오늘날 교회들의 연보는, 외식하는 율법주의적 사고에서 벗어나, 더 중한 바 율법의 본질인 정의와 긍휼과 믿음을 위해서 자원하여 기꺼이 내는 것이 성경적이다.[21] 그리스도의 속량으로 율법이 마침이 되었으므로 십일조의 패러다임도 마땅히 전환되어야 하는 것이다.

결론적으로 아브라함이래 율법시대에 바쳐지고 쓰여진 십일조와 그리스도의 구속의 진리를 통전적(종합적)으로 살펴볼 때, 신약시대에 적용되어야 할 참다운 십일조 정신을 읽을 수 있다. 이는 죄와 사망의 길인 율법주의에서 해방되어 구원의 은혜에 감사하며 하나님을 사랑하고 이웃을 사랑하는 것이다. 이에 따라 의무나 억지가 아닌, 자원하여 기쁘게 연보를 내는 것이 그 정신을 실천하는 길이라고 하겠다.

---

20 갈 5:16 "내가 이르노니 너희는 성령을 따라 행하라 그리하면 육체의 욕심을 이루지 아니하리라"
롬 8:1-2 "그러므로 이제 그리스도 예수 안에 있는 자에게는 결코 정죄함이 없나니 이는 그리스도 예수 안에 있는 생명의 성령의 법이 죄와 사망의 법에서 너를 해방하였음이라"
21 마 23:23 "화 있을진저 외식하는 서기관들과 바리새인들이여 너희가 박하와 회향과 근채의 십일조는 드리되 율법의 더 중한 바 정의와 긍휼과 믿음은 버렸도다 그러나 이것도 행하고 저것도 버리지 말아야 할지니라"

따라서 연보는 액수의 많고 적음보다, 수입에 따라 형편에 맞게 마음에 정한 대로 인색하지 않도록 기꺼이 내는 것이 중심을 보시는 하나님을 기쁘시게 한다.[22] 이렇게 내는 연보로 복음에 헌신하는 사역자들을 적절히 지원하는 것은 당연한 일이며,[23] 섬기는 교회와 미자립 교회, 그리고 주변에 경제적으로 형편이 어려운 이웃 등을 위해 쓰여지는 것이 그리스도 안에서 걷는 합당한 길로 여겨진다.[24]

지금도 구약 말라기 3:10절에 기록된 말씀을 인용하여 율법에 따라 십일조를 바쳐야 복을 받을 수 있다고 주장한다면,[25] 이는 십자가 아래서 다시 양을 잡고 있는 양상이요, 율법시대에 속죄 제물로 쓰여졌던 지나가는 소(?)가 웃을 일이다.[26] 혹여 그들이 율법시대 이전인 아브라함 때부터 십일조가 시작되었으므로 율법과 상관없이 바쳐야 된다고 강변한다면, 동시대에 시작된 할례는

---

[22] 고후 8:11-12 "이제는 하던 일을 성취할지니 마음에 원하던 것과 같이 완성하되 있는 대로 하라 할 마음만 있으면 있는 대로 받으실 터이요 없는 것은 받지 아니하시리라"

[23] 딤전 5:18 "성경에 일렀으되 곡식을 밟아 떠는 소의 입에 망을 씌우지 말라 하였고 또 일꾼이 그 삯을 받는 것은 마땅하다 하였느니라"

[24] 롬 15:26 "이는 마게도냐와 아가야 사람들이 예루살렘 성도 중 가난한 자들을 위하여 기쁘게 얼마를 연보하였음이라"
고후 8:2 "환난의 많은 시련 가운데서 그들의 넘치는 기쁨과 극심한 가난이 그들의 풍성한 연보를 넘치도록 하게 하였느니라"

[25] 말 3:10 "만군의 여호와가 이르노라 너희의 온전한 십일조를 창고에 들여 나의 집에 양식이 있게 하고 그것으로 나를 시험하여 내가 하늘 문을 열고 너희에게 복을 쌓을 곳이 없도록 붓지 아니하나 보라"

[26] 레 4:3 "만일 기름 부음을 받은 제사장이 범죄하여 백성의 허물이 되었으면 그가 범한 죄로 말미암아 흠 없는 수송아지로 속죄제물을 삼아 여호와께 드릴지니"
갈 1:4 "그리스도께서 하나님 곧 우리 아버지의 뜻을 따라 이 악한 세대에서 우리를 건지시려고 우리 죄를 대속하기 위하여 자기 몸을 주셨으니"

왜 행하도록 가르치지 않은지 되묻고 싶다.(Ⅱ의 2. 1) 아론의 반차인 율법 편 참고)

오늘날 우리 한국의 교회들은 시대착오적인 왜곡된 십일조 정신에서 해방되어 경제적 약자들을 위한 선한 일들로 하나님을 영광스럽게 해드리는 복음적 자세가 절실히 필요해 보인다.[27] 율법주의적 사고에서 벗어나, 새 언약으로 이루신 그리스도의 율법에 따라 참 자유 안에서 생명의 길인 성령을 좇아 살아갈 때, 의와 평강과 희락 가운데 하나님 나라의 참복을 누리게 될 것이다.

---

27 고후 9:8 "하나님이 능히 모든 은혜를 너희에게 넘치게 하시나니 이는 너희로 모든 일에 항상 모든 것이 넉넉하여 모든 착한 일을 넘치게 하게 하려 하심이라"

II

율법과 십일조 제도의 관계

/

하나님의 경륜에 따른 십일조 제도는 그리스도를 보내시기까지 한시적인 율법으로서 레위 계통의 제사 직분과 밀접한 관련이 있다. 이를 위해 히브리서 기자는, 멜기세덱이 아브라함을 만날 때 레위가 이미 자기 조상의 허리에 있어, 하나님께서 이때 레위 지파를 위해 율법에 따른 십일조 제도를 계획하셨음을 암시한다. 또 아브라함보다 탁월한 멜기세덱의 반차를 따라 예수께서 오셨으므로, 옛 계명인 율법과 더불어 아론의 반차인 레위 계통의 제사 직분의 무익함을 역설한다. 따라서 율법과 십일조 제도의 관계에 대해, 비교적 설명이 잘 나타나 있는 히브리서 7장을 상세히 분해하여 드러내고 성경에 대한 통전적 해설을 통해 규명해 본다.

1. 히브리서 7장의 해설

히브리서 기자는 본 장을 통해, '율법에 따른 십일조'를 소재로, 멜기세덱이 아브라함과 레위 제사장보다 절대적으로 탁월하며 레위 계통의 아론의 반차로 온전함을 얻을 수 없으므로 무익한 율법은 폐해져야 함을 강조한다. 그리고 멜기세덱의 반차로서 영원한 대제사장으로 오셔서 단번의 희생 제사로 친히 자신을 대속물로 드리심으로써, 믿는 자들의 구원을 온전히 이루신 예수 그리스도에 대해 역설한다.

1) 멜기세덱의 절대적 탁월성

히 7:1-10절

1 이 멜기세덱은 살렘 왕이요 지극히 높으신 하나님의 제사장이라 여러 왕을 쳐서 죽이고 돌아오는 아브라함을 만나 복을 빈 자라 2 아브라함이 모든 것의 십분의 일을 그에게 나누어 주니라 그 이름을 해석하면 먼저는 의의 왕이요 그 다음은 살렘 왕이니 곧 평강의 왕이요 3 아버지도 없고 어머니도 없고 족보도 없고 시작한 날도 없고 생명의 끝도 없어 하나님의 아들과 닮아서 항상 제사장으로 있느니라 4 이 사람이 얼마나 높은가를 생각해 보라 조상 아브라함도 노략물 중 십분의 일을 그에게 주었느니라 5 레위의 아들들 가운데 제사장의 직분을 받은 자들은 율법을 따라 아브라함의 허리에서 난 자라도 자기 형제인 백성에서 십분의 일을 취하라는 명령을 받았으나 6 레위족보에 들지 아니한 멜기세덱은 아브라함에게서 십분의 일을 취하고 약속을 받은 그를 위하여 복을 빌었나니 7 논란의 여지 없이 낮은 자가 높은 자에게서 축복을

받느니라 8 또 여기는 죽을 자들이 십분의 일을 받으나 저기는 산다고 증거를 얻은 자가 받았느니라 9 또한 십분의 일을 받는 레위도 아브라함으로 말미암아 십분의 일을 바쳤다고 할 수 있나니 10 이는 멜기세덱이 아브라함을 만날 때에 레위는 이미 자기 조상의 허리에 있었음이라

○ (1-8절) 의와 평강의 왕이자 영원한 제사장인 살렘 왕 멜기세덱은 아브라함과 레위 제사장보다 절대적으로 탁월하다.
- 아브라함이 멜기세덱에게 모든 전리품의 십분의 일을 나누어 주었으며, 영원한 제사장인 멜기세덱이 그를 축복함(1-3)
- 레위 혈통과 무관한 멜기세덱이 아브라함에게 십분의 일을 받고 언약을 받은 그를 축복하였으며, 레위 제사장들은 아브라함의 허리에서 나온 자기들의 형제, 곧 레위인이라도 율법에 따라 십분의 일을 바치게 하였음(4-6)
- 멜기세덱 제사장(산다고 증거를 얻은 자)은 레위 제사장(죽을 자)보다 높으며, 멜기세덱이 아브라함을 축복하였으므로 그보다 높음은 논란의 여지가 없음(7-8)

○ (9-10절) 아브라함이 멜기세덱을 만날 때 레위가 이미 그의 허리에 있었으며 레위의 십분의 일은 아브라함 안에서 바쳐졌다.
- 레위의 십분의 일은 아브라함으로 말미암아 바쳐졌음(9)
- 아브라함이 멜기세덱을 만날 때 레위는 이미 그의 허리에 있었음(10)

본문은 멜기세덱과 아브라함이 만날 때 이미 아브라함의 허리

에서 있었던 레위와의 관계 설정을 통해, 멜기세덱이 아브라함과 율법을 따르는 레위 체계의 제사장들보다 절대적으로 탁월함을 강조한다. 그리고 아브라함이 멜기세덱에게 전리품의 십분의 일을 나누어줄 때 멜기세덱이 그를 축복하였으며, 제사적 율법의 대표성을 띤 레위는 제사장들에게 아브라함으로 말미암아 십분의 일을 바쳤다고 한다.

이로써 아브라함이 멜기세덱에게 나누어준 십분의 일이 레위 체계의 아론의 반차를 따르는 제사적 율법에 속한 십일조의 기원이 되었음을 알 수 있다. 따라서 율법시대 전에 아브라함이 멜기세덱에게 나누어준 십분의 일과, 레위 계통의 제사 직분을 위한 율법에 따른 십일조의 상호 관련성과 그 성격을 좀 더 살펴보자.

히브리서 기자는, 아브라함이 멜기세덱을 만날 때 레위가 이미 '아브라함의 허리'에 있었으며 그들이 '율법에 따라 십분의 일'을 바쳤고 또 '아브라함으로 말미암아 십분의 일'을 바쳤다고 역설한다. 이는 하나님께서 아브라함이 멜기세덱을 만날 때 이미 레위의 율법에 따른 십일조를 계획하셨으며 멜기세덱의 반차로 오실 독생자 예수 그리스도를 예정하셨음을 시사한다.

이렇듯 아론의 반차인 율법에 따른 레위의 십일조로 이어진 아브라함이 멜기세덱에게 나누어준 십분의 일은, 멜기세덱의 반차로 오셔서 율법을 완성하신 예수 그리스도의 예표요 그림자였다.(다음 그림 Ⅱ-1 참고) 또한 레위의 제사 직분을 위해 십일조를 바쳤던 율법의 뿌리가 아브라함이었으며 그가 멜기세덱에게 나누어준 십분의 일과 레위의 십일조가 본질적으로 같은 성격임을 보여준다.

따라서 어떤 자들의 주장대로, 율법 전인 아브라함부터 십분의 일이 시작되었으므로 신약시대에도 계속 십일조를 의무적으로 바쳐야 한다는 것은 성경에 근거하는 논리적 정합성이 없어 어불성설이다. 결국 멜기세덱의 반차를 따라 제사와 무관한 유다지파를 통해 오신 그리스도의 단번의 제사로 인해 율법을 다 이루시고 그 마침이 되셨기에, 이제 무익한 율법에 속한 십일조 제도는 마땅히 폐해져야 한다.

예수 그리스도의 예표로서 십분의 일

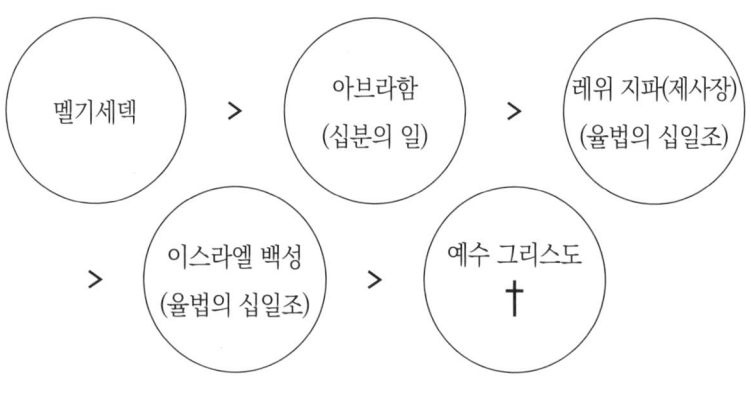

☞ 아브라함이 멜기세덱에게 십분의 일을 나누어줄 때 레위가 그의 허리에 있었으며, 레위는 아브라함 안에서 제사장에게 율법에 따라 십분의 일을 바쳤다. 그리고 예수께서 멜기세덱의 반차를 따라 레위 제사와 무관한 유다 지파를 통해 오셔서 단번의 제사와 부활로서 율법을 완성하심으로 그 마침이 되셨다. 따라서 아브라함의 십분의 일은 율법의 완성자로서 오실 예수 그리스도를 예표한다.

〔그림 Ⅱ-1〕

2) 멜기세덱의 반차이신 예수 그리스도

히 7:11-19절

11 레위계통의 제사 직분으로 말미암아 온전함을 얻을 수 있었으면 (백성이 그 아래에서 율법을 받았으니) 어찌하여 아론의 반차를 따르지 않고 멜기세덱의 반차를 따르는 다른 한 제사장을 세울 필요가 있느냐 12 제사 직분이 바꾸어졌은즉 율법도 반드시 바꾸어지리니 12 제사 직분이 바꾸어졌은즉 율법도 반드시 바꾸어지리니 13 이것은 한 사람도 제단 일을 받들지 않는 다른 지파에 속한 자를 가리켜 말한 것이라 14 우리 주께서는 유다로부터 나신 것이 분명하도다 이 지파에는 모세가 제사장들에 관하여 말한 것이 하나도 없고 15 멜기세덱과 같은 별다른 한 제사장이 일어난 것을 보니 더욱 분명하도다 16 그는 육신에 속한 한 계명의 법을 따르지 아니하고 오직 불멸의 생명의 능력을 따라 되었으니 17 증언하기를 네가 영원히 멜기세덱의 반차를 따르는 제사장이라 하였도다 18 전에 있던 계명은 연약하고 무익하므로 폐하고 19 (율법은 아무 것도 온전하게 못할지라) 이에 더 좋은 소망이 생기니 이것으로 우리가 하나님께 가까이 가느니라

- ○ (11-13절) 레위 계통의 아론의 반차를 통해 온전함을 얻을 수 없어 멜기세덱의 반차를 따라 다른 한 제사장이신 예수 그리스도를 세우셨다.
  - · 아론의 반차인 레위 계통의 제사 직분으로는 온전하게 할 수 없었음(11)
  - · 제사장 체계가 그리스도로 바뀌었으니 율법도 당연히 변해야 함(12-13)

○ **(14-19절)** 멜기세덱의 반차로서 유다 지파에 속하신 예수 그리스도는 무익한 육신의 법이 아닌 불멸의 생명의 능력에 따라 제사장이 되셨다.
- 우리 주는 레위 제사와 무관한 유다 지파를 통해 오셨으며 멜기세덱과 같은 별다른 제사장이 일어난 것을 보니 더욱 분명함(14-15)
- 우리 주는 육신에 속한 계명(율법)이 아닌 불멸의 능력(생명의 성령의 법)에 속한 영원한 멜기세덱의 반차를 따르는 제사장이심(16-17)
- 아무것도 온전히 할 수 없는 율법은 무익하니 폐하고 더 좋은 소망이신 그리스도를 통해 하나님께로 갈 수 있음(18-19)

본문은 아론의 반차를 따르는 율법 체계의 레위 계통이 아닌 멜기세덱의 반차로서 불멸의 생명의 능력을 따라 유다로부터 나신 예수께서 오셨으므로 무익한 율법은 결국 폐해져야 함을 강조한다. 이는 제사 직분이 레위 제사장에서 그리스도로 바뀌어졌으니 쓸모없는 율법은 반드시 바뀌어져야 하며, 율법에 따른 십일조 제도 역시 제사 직분 체계가 사라져 당연히 변해야 한다는 것을 함의한다.

이처럼 아론의 반차, 곧 육신의 계명을 따르는 레위 계통의 제사 직분으로는 온전함을 이룰 수 없어 예수께서 제사와 무관한 유다 지파를 통해 이 세상에 오셨다. 하나님께서 레위의 뿌리가 되는 아브라함보다 탁월한 멜기세덱의 반차를 따라 영원한 대제사장으로서 독생자 예수 그리스도를 세우신 것이다.

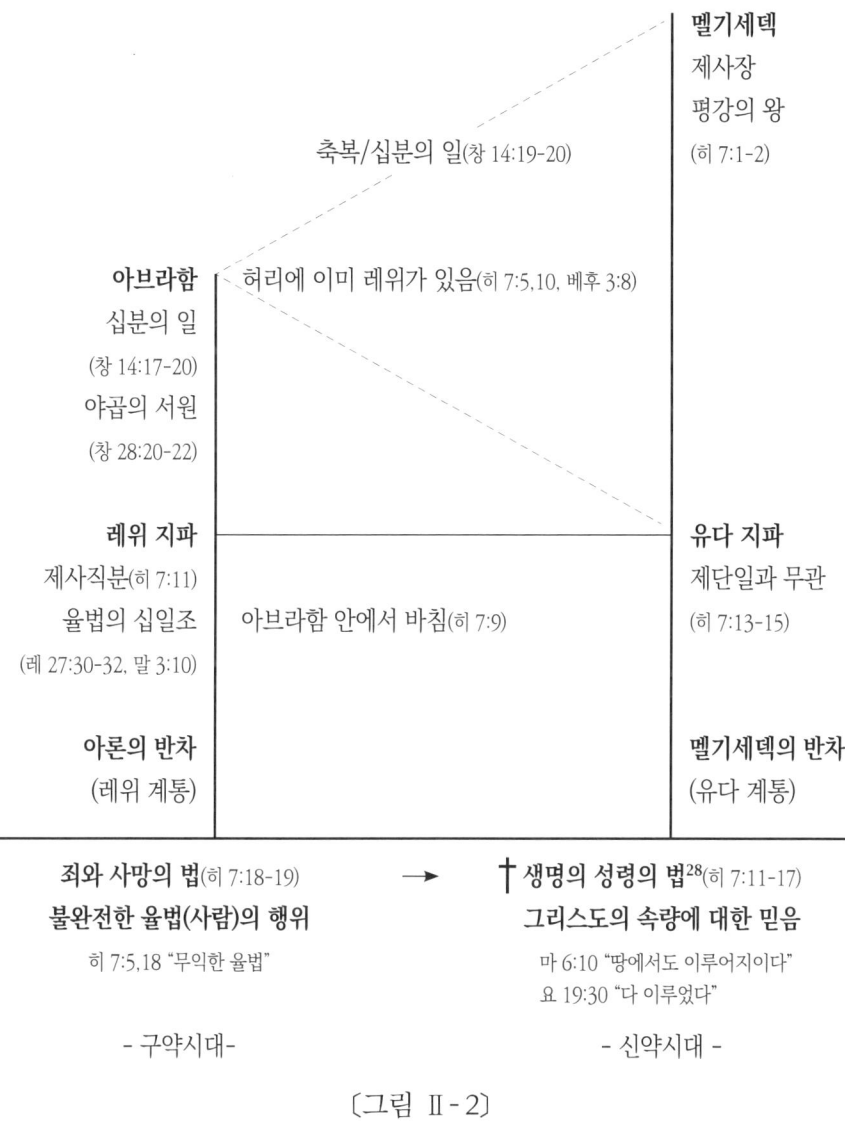

〔그림 Ⅱ-2〕

---

28 갈 5:5-6 "우리가 성령으로 믿음을 따라 의의 소망을 기다리노니 그리스도 예수 안에서는 할례나 무할례나 효력이 없으되 사랑으로써 역사하는 믿음뿐이니라"

그리고 불완전한 레위 제사장이 담당했던 속죄 제사를 예수께서 십자가 위에서 단번의 희생 제사를 드려 인류의 구원을 이루심으로 율법의 마침이 되셨다.[29] 이에 따라 아브라함의 허리에 있었던 레위 계통의 제사 직분이 멜기세덱의 반차이신 그리스도, 곧 생명의 성령의 법으로 전환되어졌으므로, 우리는 아론의 반차를 따르는 소망이 없는 무익한 율법 체계에서 반드시 해방되어야 한다.(그림 Ⅱ- 2 참고)

3) 단번의 제사로 이루신 영원한 대제사장

히 7:20-28절

20 또 예수께서 제사장이 되신 것은 맹세 없이 된 것이 아니니 21 (그들은 맹세 없이 제사장이 되었으되 오직 예수는 자기에게 말씀하신 이로 말미암아 맹세로 되신 것이라 주께서 맹세하시고 뉘우치지 아니하시리니 네가 영원히 제사장이라 하셨도다) 22 이와 같이 예수는 더 좋은 언약의 보증이 되셨느니라 23 제사장 된 그들의 수효가 많은 것은 죽음으로 말미암아 항상 있지 못함이로되 24 예수는 영원히 계시므로 그 제사장직분도 갈리지 아니하느니라 25 그러므로 자기를 힘입어 하나님께 나아가는 자들을 온전히 구원하실 수 있으니 이는 그가 항상 살아 계셔서 그들을 위하여 간구하심이라 26 이러한 대제사장은 우리에게 합당하니 거룩하고 악이 없고 더러움이 없고 죄인에게서 떠나 계시고 하늘보다 높이 되신 이라 27 그는 저 대제사장들이 먼저 자기 죄를 위하고 다음에 백성의 죄를 위하여 날마다 제사 드리는 것과 같이 할 필요가 없으니 이는 그가 단번에 자기를 드려 이루셨음이라 28 율법은 약점을 가

---

[29] 롬 10:4 "그리스도는 모든 믿는 자에게 의를 이루기 위하여 율법의 마침이 되시니라"

진 사람들을 제사장으로 세웠거니와 율법 후에 하신 맹세의 말씀은 영원히 온전하게 되신 아들을 세우셨느니라

○ (20-25절) 예수 그리스도는 언약의 보증이 되신 대제사장으로서 죄로부터 구속을 믿는 자들의 온전한 구주시다.
· 예수께서 자기에게 말씀하신 분으로 말미암아 맹세로 제사장이 되셨기에 더 나은 언약의 보증이 되심(20-22)
· 또 영원히 계심으로 제사장 직분이 변하지 않으며 자기를 힘입어 하나님께 나아가는 자들을 온전히 구원하심(23-25)

○ (26-28절) 예수 그리스도는 자신을 친히 단번의 희생 제사로 드려 우리의 구원을 다 이루신 영원한 대제사장이시다.
· 예수께서는 우리에게 합당한 대제사장으로서 거룩하고 악과 더러움이 없으며 죄에서 떠나 계심(26)
· 율법은 약점을 가진 자가 제사장으로 세워져 매일 제사를 드렸으나, 하나님께서 단번에 자기를 드려 영원히 온전하게 되신 아들을 대제사장으로 세우셨음(27-28)

본문은 예수께서 친히 자신을 단번의 희생 제사로 드림으로써 영속을 이루사 더 좋은 언약으로 보증이 되시고 그분을 힘입어 하나님께 나아가는 자들을 온전히 구원하셨음을 강조한다. 따라서 아직도 죄와 사망의 길인 육신에 속한 율법을 따르는 자들은, 예수께서 극심한 고통 가운데 죽음으로 보여주신 십자가 위에서 이루신 위대한 사랑을 거부하고 생명의 성령의 법을 훼손하는 결과

를 초래하게 된다.[30]

결국 멜기세덱의 반차로 오신 예수께서 우리로 인해 저주받은 바 되셨으나 하나님으로부터 다시 의義를 얻어 부활하심으로 율법을 완성하셨다.[31] 그러므로 인류는 율법(사람)의 행위가 아니라 오직 그리스도의 구속을 깨달아 믿음으로 성령을 받고 은혜로 하나님 나라와 그분의 의를 얻게 되었다. 우리는 하나님께로부터 죄 사함을 얻고 거듭나 성령 안에서 기쁨을 누리는 은총을 입었지만, 성령은 율법과 절대 동승할 수 없는 구조임을 직시해야 한다.

요점은, 예수께서 구원의 역사를 다 이루시고 대제사장으로서 우리와 함께 계신다는 것이다. 이제 아론의 반차를 따르던 레위의 제사 직분이 그리스도로 바뀌어졌으므로, 무익해진 율법은 폐해져야 하며 율법의 십일조 제도 역시 변해야 한다. 우리는 온전하게 할 수 없는 레위 계통의 아론의 반차를 따르지 말고, 멜기세덱의 반차를 따라 하나님의 대제사장이요 영원한 구주로 오신 예수께로 나아가야 한다.

---

30 롬 8:3-4 "율법이 육신으로 말미암아 연약하여 할 수 없는 그것을 하나님은 하시나니 곧 죄로 말미암아 자기 아들을 죄 있는 육신의 모양으로 보내어 육신에 죄를 정하사 육신을 따르지 않고 그 영을 따라 행하는 우리에게 율법의 요구가 이루어지게 하려 하심이니라"
빌 3:8-9 "또한 모든 것을 해로 여김은 내 주 그리스도 예수를 아는 지식이 가장 고상하기 때문이라 내가 그를 위하여 모든 것을 잃어버리고 배설물로 여김은 그리스도를 얻고 그 안에서 발견되려 함이니 내가 가진 의는 율법에서 난 것이 아니요 오직 그리스도를 믿음으로 말미암은 것이니 곧 믿음으로 하나님께로부터 난 의라"
31 요 19:30 "예수께서 신 포도주를 받으신 후에 이르시되 다 이루었다 하시고 머리를 숙이니 영혼이 떠나가시니라"

> 지금 우리가 하는 말의 요점은 이러한 대제사장이 우리에게 있다는 것
> 이라 그는 하늘에서 지극히 크신 이의 보좌 우편에 앉으셨으니
> (히 8:1)

결론적으로, 히브리서 7장을 중심으로 성경에 드러나는 폐해져야 할 율법에 속한 십일조 제도에 대한 논거 몇 가지를 열거해 보면 다음과 같다.

하나. 아브라함이 멜기세덱에게 십분의 일을 나누어줄 때 레위가 이미 그의 허리에 있었으며, 레위는 아브라함 안에서 십분의 일을 바쳤다. 이는 아브라함과 레위가 바친 십분의 일의 성격이 본질적으로 같으며, 아브라함이 멜기세덱을 만날 때 하나님께서 이미 레위 체계의 제사 직분을 위한 율법에 따른 십일조를 계획하셨음을 시사한다.

하나. 영원한 제사장인 멜기세덱은 아브라함을 비롯하여 아론의 반차를 따르는 레위 계통의 제사장들보다 탁월하며, 결국 멜기세덱의 반차로 오신 예수께서 단번의 제사로 율법을 다 이루셨다. 그러므로 아론의 반차를 따라 드려진 제사 체제를 위해 필요했던 율법에 속한 십일조 제도는 무익해진 것이다.

하나. 아브라함이 멜기세덱에게 나누어준 '십분의 일'은 오실 그리스도의 예표로서 레위의 율법의 기원이 되었으며, 그리스도의 구속으로 인해 율법을 완성하시고 그 마침이 되셨기에 그 쓸모가 사라진 십일조 제도는 변해야 한다.

하나. 율법은 약점을 가진 사람들을 제사장으로 세웠으나, 율법을 완전하게 하신 그리스도는 하나님의 아들로서 흠이 전혀 없으신 영원한 대제사장이시다.

하나. 이제 아무것도 온전케 하지 못하는 연약하고 무익한 율법, 즉 육신에 속한 옛 계명의 법(죄와 사망의 법)은 폐해져야 하며, 오직 불멸의 생명의 능력(생명의 성령의 법)을 따라 오신 예수께로 나아가야 한다.

하나. 레위의 제사 직분이 영원한 대제사장이신 그리스도의 단번의 희생 제사로 바뀌었다. 따라서 신약시대에는 마땅히 불완전한 레위 체계의 아론의 반차인 율법에서 해방되어, 레위 제사와 무관한 유다 지파를 통해 멜기세덱의 반차로 오신 예수께서 부활·승천하신 후 영적 양식으로 보내신 성령을 좇아 살아가야 한다.

이에 따라 우리는 인류의 죄를 대속하고자 자신의 생명을 아낌없이 버리신 그리스도의 진리에 대한 가짜 지식을 가르치는 거짓 목자들에게 속지 말아야 한다. 예수께서 대속하신 이후에도 죄와 사망의 법인 육신에 속한 율법을 좇아 행하는 것은 하나님의 뜻을 거스르는 악한 길이다. 신약시대는 성령과 율법이 함께 갈 수 없는 구조이기에 율법에 속한 십일조 제도의 틀에서 온전히 벗어나야 하는 것이다.

그래서 지금도 율법인 십일조를 바침으로 복을 받는다고 주장하는 것은, 십일조를 우상화하고 참빛과 생명으로 오신 그리스도의 권능을 훼방하며 십자가 아래서 양을 잡고 있는 양상과 다를 바 없다. 성도들은 그리스도의 단번의 제사 이후 바뀌어진 패러다임 속에서, 수입에 따라 형편에 맞게 마음에 정한 대로 인색하지 않도록 감사한 마음으로 자원하여 연보를 하는 것이 하나님을 기쁘시게 하는 일임을 유념해야 한다.

2. 율법에 따른 십일조 제도

1) 아론의 반차인 십일조

전술한 대로 이스라엘 백성들 가운데 따로 기업이 없는 회막의 일을 담당하는 레위 자손을 제외한 나머지 지파들이 십일조를 바쳤으며, 레위 제사장을 위해 아브라함의 허리에서 난 레위 형제라도 십일조를 바치게 하였다. 따라서 유대 사회의 근간이 되는 제사 직분 체계의 유지를 위해 주로 쓰여진 율법에 따른 십일조 제도를 이스라엘의 최초 대제사장이자 모세의 형인 아론의 반차로 분류한다.

> 대제사장마다 사람 가운데서 택한 자이므로 하나님께 속한 일에 사람을 위하여 예물과 속죄하는 제사를 드리게 하나니 그가 무식하고 미혹된 자를 능히 용납할 수 있는 것은 자기도 연약에 휩싸여 있음이라 그러므로 백성을 위하여 속죄제를 드림과 같이 또한 자신을 위하여도 드리는 것이 마땅하니라 이 존귀는 아무도 스스로 취하지 못하고 오직 아론과 같이 하나님의 부르심을 받은 자라야 할 것이니라 (히 5:1-4)

만일 율법에 따른 레위 계통의 제사 직분으로 온전함을 얻을 수 있었다면, 하나님께서는 아론의 반차가 아닌 멜기세덱의 반차에서 별다른 한 제사장인 그리스도를 세우실 필요가 없었을 것이다. 그리스도의 단번의 제사로 제사 직분이 바뀌어졌으니 레위의 제사 체계를 위한 율법의 십일조 제도는 마땅히 변해야 하며 레위 제사와 무관한 유다 지파를 통해 오신 것을 보니 더욱 분명해 보인다.

그래서 우리는 온전케 하지 못하는 아론의 반차를 따르는 길에서 벗어나, 멜기세덱의 반차를 통해 오사 오직 불멸의 능력으로 단번에 자기를 드려 이루신 대제사장이신 그리스도의 생명의 길을 좇아야 한다. 예수께서 단번의 희생 제사로 이루신 죄로부터의 속량을 우리가 오직 마음에 믿음으로 율법에서 해방되어 새 생명을 얻고 성령을 좇아 살아가는 것이 하나님의 거룩하신 뜻이라고 하겠다.[32]

바울도 갈라디아교회 성도들에게 율법에 대하여 죽어야 하나님에 대하여 살 수 있다고 역설한다.[33] 이는 사람의 행위로 의를 이룰 수 없으므로 죄와 사망의 길인 율법에서 떠나, 오직 그리스도의 속량을 믿는 자들에게 거저 주신 성령 안에서 하나님 나라와 그분의 의를 얻을 때 거듭나 새 생명을 얻을 수 있음을 강조한 것이다.

한편 아브라함이 그의 아들 이삭에게 행함으로 시작된 할례가 이른바 모세의 율법을 거쳐 예수께서 부활하사 보내신 성령의 인침으로 그 마침이 되었다. 이와 같이 아브라함이 멜기세덱에게 나누어주므로 시작된, 율법에 따른 십일조 제도 역시 참형상이신 그리스도의 영이신 성령의 임재로 율법이 완성되어 마침이 되었다.

이처럼 아브라함으로부터 시작된 십분의 일과 할례는 만유에 대한 주권을 가지신 오실 그리스도의 예표로서, 하나님 나라와 그분의 의를 얻게 하시는 성령의 기름부음으로 다 이루사 율법이

---

32 롬 8:1-2 "그러므로 이제 그리스도 예수 안에 있는 자에게는 결코 정죄함이 없나니 이는 그리스도 예수 안에 있는 생명의 성령의 법이 죄와 사망의 법에서 너를 해방하였음이라"
33 갈 2:19 "내가 율법으로 말미암아 율법에 대하여 죽었나니 이는 하나님에 대하여 살려 함이라"

바라는 궁극의 목적이 성취되어 그 소명을 다했다고 볼 수 있다.

우리 주 하나님께서는 신약성경을 통해 '십일조'와 '할례'가 율법에 속함을 직간접적으로 밝히고 계신다.(다음의 '십일조와 할례의 율법 규정' 참고) 하지만 안타깝게도 오늘날 많은 한국 교회들은 동시대에 시작된 할례는 지나간 율법이므로 할 필요가 없고, 십일조는 물질과 관계된 탓인지 율법과 무관하다는 등 각종 이유를 붙여 의무적으로 바쳐야 한다고 위선적 행태를 보이는 실정이다.

그러므로 아론의 반차인 십일조 제도가 율법과 관계없이 바쳐야 한다는 주장은 거짓된 아전인수 격 해석으로서 자가당착이 아닐 수 없다. 그리스도 이후의 성도들이 율법에서 해방되어 성령을 좇아 살아갈 때 생명의 길에 안착할 수 있음에도, 하나님의 말씀을 욕심을 좇아 읽고 해석하는 사탄의 깊은 뜻(?)을 헤아리기 어려울 뿐이다.

십일조와 할례의 율법 규정

○ 십일조

레위의 아들들 가운데 제사장의 직분을 받은 자들은 율법을 따라 아브라함의 허리에서 난자라도 자기 형제인 백성에게서 십분의 일을 취하라는 명령을 받았으나　　　　　　　　　　　　　　　　(히 7:5)

전에 있던 계명은 연약하고 무익하므로 폐하고 (율법은 아무 것도 온전하게 못할지라) 이에 더 좋은 소망이 생기니 이것으로 우리가 하나님께 가까이 가느니라　　　　　　　　　　　　　　　(히 7:18-19)

> ○ 할례
>
> 바리새파 중에 어떤 믿는 사람들이 일어나 말하되 이방인에게 할례를 행하고 모세의 율법을 지키라 명하는 것이 마땅하다 하니라
> (행 15:5)
>
> 그러나 나와 함께 있는 헬라인 디도까지도 억지로 할례를 받게 하지 아니하였으니 이는 가만히 들어온 거짓 형제들 때문이라 그들이 가만히 들어온 것은 그리스도 예수 안에서 우리가 가진 자유를 엿보고 우리를 종으로 삼고자 함이로되 그들에게 우리가 한시도 복종하지 아니하였으니 이는 복음의 진리가 항상 너희 가운데 있게 하려 함이라
> (갈 2:3-5)

2) 제사적 율법의 십일조

이 땅에 예수께서 오셔서 율법의 마침이 되시기 전까지, 이스라엘 백성들이 율법을 범할 때는 먼저 제사장에게 고해야 했다. 이때 제사 직분은 따로 기업이 없는 레위 지파 담당으로서 제사장과 그 자손들의 생계 유지와 성전 보수 등을 위해 십일조가 절대 필요하였다. 따라서 아론의 반차를 따르는 제사적 율법 가운데 대표적인 것이 십일조 제도라고 할 수 있다.

하지만 예수께서 온 인류를 죄로부터 구속하시고 성령을 이 세상에 보내사 율법을 완성하셨으므로, 신약시대는 제사적 율법에 속한 십일조 제도가 무익하게 되었다. 즉 율법→십일조→레위→제사가 율법이 정한 제사 체계였다면, 이제는 예수께서 단번의 제사로 온 율법을 다 이루셨으므로 레위의 제사 체계를 위한 율법에

따른 십일조 제도는 쓸모가 없어 폐해져야 하는 것이다.

하나님의 제사장이요, 의와 평강의 왕인 멜기세덱은 아브라함을 축복하였으며 높은 자가 낮은 자에게 축복을 하였으므로 논란의 여지가 없이 그보다 위대하다. 또한 영원히 살아 있어 수명이 한시적인 레위 제사장들 보다 탁월한 분이다. 그러므로 우리는 레위 제사와 무관한 멜기세덱의 반차이자 유다 지파를 통해 오신 대제사장 예수께서 자기를 드려 이루신 불멸의 생명의 능력을 따라야 한다.

그리고 예수께서 친히 제물이 되사 모든 믿는 자들의 의를 이루셨기에, 율법 체계(죄와 사망의 법) 대신 새 언약에 따라 서로 사랑하라는 새 계명 체계(생명의 성령의 법)로 변해야 한다. 만일 목회자들이 지금도 십일조를 은연중이라도 강요하고 있다면, 예수께서 십자가에서 다 이루신 은총을 오염시키고 정기적으로 쉽게 들어오는 물질에 취해 진리를 배반함으로 성령을 거스르고 있는 자신을 발견하고 회개해야 한다.

> 새 언약이라 말씀하셨으매 첫 것은 낡아지게 하신 것이니 낡아지고 쇠하는 것은 없어져 가는 것이니라　　　　　　　　(히 8:13)

강조하거니와 레위 계통의 제사 직분을 위한 율법에 속한 십일조의 시발점이 아브라함이었다. 그리고 아론의 반차를 따르는 율법시대를 지나, 멜기세덱의 반차를 따라오신 그리스도의 속량을 믿는 자들이 성령의 인침으로 거듭나 하나님 나라와 그분의 의를 거저 얻어 율법이 완전하게 되었다.

이처럼 예수께서 율법의 마침이 되셔서 생명의 성령의 법을 다시 세우셨으므로, 이미 지나간 죄와 사망의 길이었던 무익해진 제사적 율법에 속한 십일조 제도를 우리가 지속해야 할 이유가 없는 것이다.[34] (Ⅲ의 1. 창조에서 시온까지 편 참고)

하나님의 인류를 위한 구원의 경륜에 따라, 구약시대는 하나님을 경외하고 그분의 모든 주권을 인정하며 율법에 따라 온전한 십일조를 드림으로써 차고 넘치도록 복을 받았다. 하지만 오늘날 신약시대는 그리스도를 구주로 믿는 자들을 고아와 같이 내버려두지 않기 위해 영원한 생명의 능력, 곧 하나님의 영이신 성령이 우리 마음에 주권을 온전히 이루시고자 친히 찾아오셔서 우리와 동행하고 계신다.

이렇듯이 성령이 성도들의 심령에 임재하시므로 죄와 사망의 길인 율법에서 벗어나 그리스도의 율법인 생명의 성령의 법을 좇아 살아갈 수 있게 되었다. 그래서 우리가 스승이신 보혜사 성령을 따라 의지하며 살아갈 때, 은혜 가운데 돌보시고 공급해 주시는 생수로서의 샘물(성령)을 마시며 의와 평강과 희락을 누리고 살아가는 것이야말로 참복이라고 하겠다.

한편 오늘날 많은 한국 교회들에서 시대착오적인 십일조를 주장하는 근거로 "화 있을진저 외식하는 서기관들과 바리새인들이여 너희가 박하와 회향과 근채의 십일조는 드리되 율법의 더 중한 바 정의와 긍휼과 믿음은 버렸도다 그러나 <u>이것도 행하고 저것도 버리지 말아야 할지니라</u>"(마 23:23, 개역개정)는 말씀을 자주 인용하는 것을 볼 수 있다.

---

34 마 1:17 "그런즉 모든 대 수가 아브라함부터 다윗까지 열네 대요 다윗부터 바벨론으로 사로잡혀 갈 때까지 열네 대요 바벨론으로 사로잡혀 간 후부터 그리스도까지 열네 대더라"

이는 한마디로 예수께서 서기관과 바리새인들이 외식에 치우쳐 십일조를 바치는 것을 족하게 여기는 행태를 꾸짖으신 말씀이다. 그리고 이 시기는 예수께서 율법의 마침이 되시기 전이므로 교회가 이 땅에 아직 존재하지 않았던 상황으로서, 율법시대를 살아온 그들의 과거 위선적인 악습을 질책하신 것이었다.

그러나 밑줄 부분이 현재형으로 오역되어, 가르치는 자들의 율법주의적, 비통전적 사고와 맞물려 그 의미를 잘못 전달하고 있다. 그러므로 예수께서 십일조에 대해 유일하게 언급하신 말씀에 대한 올바른 해석과 성경적 논리의 확증을 위해, 다음과 같이 몇 가지 다른 버전과 함께 좀 더 세부적으로 비교하여 살펴보기로 한다.

(KJV) 본의 ought ye have done(행하였어야 하거니와)는 율법시대를 살아온 자들이 바쳤어야 할 '십일조에 대한 과거의 의무 사항에 대한 이행'을 의미한다. 또한 undone은 undo의 과거분사형으로, 지나온 '과거에 십일조를 반드시 했어야 하지만' 의와 인과 신을 소홀히 한 사실을 꾸짖으신 말씀이 이어지는 (표준새번역)본에 더 명확히 번역되어 있음을 볼 수 있다.

이는 신약시대에도 십일조를 계속 바쳐야 한다는 의미가 결코 아니다. 사탄의 계략인지, 현재형으로 오역된 개역개정본을 아무런 묵상이 없이, 이를 인용하여 마치 율법시대가 지난 현재도 계속 의무 사항인 것처럼 가르치고 있는 것이다.

마태복음 23장 23절

(KJV)
Woe unto you, scribes and Pharisees, hypocrites! for ye pay tithe of mint and anise and cummin, and have omitted the weightier [matters] of the law, judgment, mercy, and faith: these ought ye to have done, and not to leave the other undone.
과거의무 이행 사항   undo의 과거분사

(KJV 흠정역)
서기관들과 바리새인들, 위선자들아, 너희에게 화가 있을지어다! 너희가 박하와 회향과 근채의 십일조는 바치되 율법의 더 중대한 문제인 공의와 긍휼과 믿음은 무시하였도다. 너희가 마땅히 이것들을 행하였어야 하거니와 다른 것도 행하지 않은 채 내버려두지 말아야 하느니라.

(표준새번역)
율법학자들과 바리새파 사람들아, 위선자들아, 너희에게 화가 있다! 너희는 박하와 회향과 근채의 십일조는 드리면서, 정의와 자비와 신의와 같은 율법의 더 중요한 요소들은 버렸다. 그런 것들도 반드시 했어야 하지만, 이것들도 소홀히 하지 말았어야 했다.

결론적으로, 마태복음 23:23절의 말씀은 지나온 율법시대에 십일조 의무를 당연히 이행했어야 하지만, 더 중한 바 공의와 긍휼과 믿음을 저버리지 말았어야 함을 강조하신 것이다.[35] 이제 신약

---

35 눅 11:42 "화 있을진저 너희 바리새인이여 너희가 박하와 운향과 모든 채소의 십일조는 드리되 공의와 하나님께 대한 사랑은 버리는도다 그러나 이것도 행하

시대에서의 바른 연보는, 레위 계통의 제사적 율법에 속한 십일조 제도의 틀에서 벗어나, 수입에 따라 형편에 맞게 마음에 정한 대로 자원하여 기꺼이 인색하지 않도록 드리는 것이 성경적이며 하나님을 기쁘시게 하는 일이다.

그리고 이는 하나님을 사랑하고 우리 이웃을 사랑하라는 구약 시대의 십일조 정신을 좇아, 섬기는 교회의 사역자들, 고아와 과부와 가난한 이웃들과, 또 형편이 어려운 이웃 교회 등 경제적 약자를 위해 쓰여지는 것이 적절해 보인다. 이때 교회 성도들은 전지전능하신 하나님의 거룩하신 뜻에 합당하게 뿌린 대로 열매를 거두게 될 것이다.

3) 하나님의 주권성의 변천

아담의 불순종으로 타락해진 인간은 어느 누구도 자기의 행위로는 하나님 앞에 의인이 될 수 없다. 그래서 하나님의 구원의 경륜에 따라 유대인들의 심령에 죄를 깨닫도록 초등교사로서 율법을 주셨으며, 그 궁극의 목표는 사람에게 '하나님 나라와 그분의 의'를 얻게 하심으로 율법을 완전하게 이루는 것이었다.

이를 위해 예수께서 단번의 희생 제사로 아담으로부터 인류가 알게 된 원죄와 율법에 저촉되는 죄, 그리고 사람의 양심이 증거하는 모든 죄를 홀로 담당하셨다. 그러므로 우리는 사탄에 속아 지나간 옛 법이요, 죄와 사망의 길인 율법에 매이지 말아야 한다. 우리의 생명을 살리시고 삶 가운데 도우시기 위해, 하나님의 주권을

고 저것도 버리지 말아야 할지니라"

우리 심령에 이루시고자 찾아오신 보혜사 성령을 좇아 행하는 것이 참 생명의 길이요, 그리스도 복음의 요점인 것이다.

이처럼 우리는 제사 직분이 레위 제사장에서 그리스도로 바뀌어진 새 언약의 시대에 살아가고 있다. 즉, 예수께서 인류의 죄를 위해 단번의 제사를 드림으로 대속하사 부활하심으로써 옛 법인 구약시대의 죄와 사망의 법체계가 쓸모없게 되었다. 그 대신 이를 깨달아 믿는 자들의 마음에 성령이 인쳐져 하나님 나라와 그분의 의를 이루사 율법이 완성됨으로 바뀌어진 생명의 성령의 법체계가 도래한 것이다.

이제 무익해진 옛 법이 된 율법에 속한 십일조를 계속 바쳐야 할 명분이 사라졌다. 신약시대는 율법과 성령을 택일해야 하는 상황으로서 만일 십일조를 강요한다면 생명의 성령의 법을 거스르는 격이다. 그래서 교회들은 레위 지파가 드렸던 제사와 무관한 유다 지파를 통해 오신 그리스도의 속량에 대한 참된 믿음으로 율법에 따른 십일조의 늪에서 헤어 나올 때 하나님을 더욱 가까이 뵈올 수 있을 것이다.

그리고 사람의 행위로써 의를 이루려는 자는, 오직 그리스도의 속량을 믿음으로 하나님의 의를 얻을 수 있음을 깨닫고 죄와 사망으로 가는 율법주의적 사고에서 벗어나야 한다. 그래야 부족할지라도 성령의 기름부음을 받아 이신칭의以信稱義(또는 이신득의以信得義)한 자로서 율법이 바라는 궁극의 목표에 이를 수 있다.[36]

혹여 생명의 성령의 법을 좇아 행하지 않고 율법인 십일조를 기

36　마 5:17 "내가 율법이나 선지자를 폐하러 온 줄로 생각하지 말라 폐하러 온 것이 아니요 완전하게 하려 함이라"
　　마 6:10 "나라가 임하시오며 뜻이 하늘에서 이루어진 것 같이 땅에서도 이루어지이다"

준으로 이웃을 정죄한다면 오히려 새 언약에 따라 찾아오신 성령을 훼방하는 행태다. 이에 대해 바울은, 율법에 대해 다투는 자를 스스로 정죄한 자로서 죄를 짓는 이단이라고 하였다.[37] 그러므로 율법의 행위가 아닌, 항상 성령 충만을 구하고 성령을 좇아 행함으로 육체의 소욕을 이기며 더욱 높아진 율법의 요구를 이루어 나가야 한다.

> 그러나 어리석은 변론과 족보 이야기와 분쟁과 율법에 대한 다툼은 피하라 이것은 무익한 것이요 헛된 것이니라 이단에 속한 사람을 한두 번 훈계한 후에 멀리하라 이러한 사람은 네가 아는 바와 같이 부패하여 스스로 정죄한 자로서 죄를 짓느니라 (딛 3:9-11)

어떤 이는 모세가 시내산에서 받았던 십계명에 대해 율법이기 때문에 지키지 않아도 되는가 하고 궁금해한다. 도덕적 율법으로 분류되는 이 옛 계명들의 본질은 '사랑'인 것으로, 모두 하나님의 거룩하신 속성들이 담겨 있으며 '하나님을 사랑하고(1-4계명) 네 이웃을 사랑하라(5-10계명)'는 말씀으로 축약된다.

이 계명들을 사람이 스스로 온전히 지킬 수 없어 예수께서 '내가 너희를 사랑한 것 같이 너희도 서로 사랑하라'는 새 계명을 다

---

[37] 약 2:8-11 "너희가 만일 성경에 기록된 대로 네 이웃 사랑하기를 네 몸과 같이 하라 하신 최고의 법을 지키면 잘하는 것이거니와 만일 너희가 사람을 차별하여 대하면 죄를 짓는 것이니 율법이 너희를 범법자로 정죄하리라 누구든지 온 율법을 지키다가 그 하나를 범하면 모두 범한 자가 되나니 간음하지 말라 하신 이가 또한 살인하지 말라 하셨은즉 네가 비록 간음하지 아니하여도 살인하면 율법을 범한 자가 되느니라"

시 주셨으며,[38] 사랑은 율법의 완성이라고 하셨다.[39] 그리고 그리스도의 구속을 믿는 자들에게 하나님 나라와 그분의 의를 얻게 하여 생명을 살리시는 유일한 증거로서 우주 가운데 실로 최대 명품이라고 할 수 있는 성령을 보내주심으로 우리 안에 하나님의 절대적 주권을 이루셨다.

이에 따라 우리 성도들은 옛 계명에 담긴 본질적 뜻을 알고, 사랑의 실천을 위해 보혜사이신 성령의 권능을 힘입어 일점일획이라도 빠짐없이 행하고자 애써 노력해야 한다. 그리스도를 통해 우리 죄를 구속하신 진실하신 사랑과 은혜를 깨달아 믿는 자들에게 인쳐진 성령이, 범사에 의지하는 자들을 친히 가르치고 도우심으로 우리 스스로 할 수 없는 것들을 온전히 이루도록 인도해 주실 것이다.

한편 아브라함이 전쟁에서 이기고 돌아와 멜기세덱에게 전리품의 십분의 일을 나누어 주었으며, 야곱은 벧엘에서 무사히 아버지에게로 돌아오게 해주시면 하나님께 소득의 십분의 일을 드리겠다고 서원하였다. 이는 하나님의 인도하심에 대한 감사와 더불어 만유에 대한 주권이 그분으로부터 나옴을 인정하는 것을 함의한다.

그리고 이스라엘 백성 가운데 레위 지파는 율법에 따라 그들을 제외한 나머지 지파에게 십분의 일을 취하였으며, 레위는 아브라함의 허리에서 나왔지만 자기 형제인 제사장들에게 십분의 일을 의무적으로 바쳤다. 이것들 역시 절대적 주권을 가지신 하나님께

---

[38] 요 13:34 "새 계명을 너희에게 주노니 서로 사랑하라 내가 너희를 사랑한 것 같이 너희도 서로 사랑하라"

[39] 롬 13:10 "사랑은 이웃에게 악을 행하지 아니하나니 그러므로 사랑은 율법의 완성이니라"

드리는 제사를 담당하는 레위 지파와 이스라엘 백성의 자녀들과 경제적 약자들이 주로 사용하였다.

이처럼 구약시대의 모든 십일조는, 하나님에 대한 절대적 주권을 인정함으로 이루어진 행위였다는 점에서 본질적으로 같다고 할 수 있다.[40] 따라서 아브라함으로부터 율법시대 그리고 그리스도의 단번의 희생 제사와 부활로써 율법이 완성되기까지, 하나님의 주권성이 어떻게 변화했는지 살펴보자.

앞서 율법시대 이전 죄와 사망의 법이 주관할 때는 십일조를 바치는 행위로 하나님의 주권성을 인정했다. 이후 하나님께서 온 인류를 구원하시려고 독생자를 세상에 보내사 예수께서 단번의 속죄 제사를 드리고 부활하셨다.[41] 이로 인해 신약시대는 패러다임이 완전히 바뀌어, 그리스도의 구속을 믿는 자들의 심령에 성령이 친히 임재하심으로 성도들 안에 하나님의 모든 절대적 주권을 이루셨다.

다시 말해 하나님의 주권에 대한 인간의 반응이 율법의 십일조를 바치는 행위에서 그리스도의 구속에 대한 믿음으로 바뀌어졌으며, 우리의 마음에 성령이 인쳐져 하나님 나라와 그분의 의가

---

[40] 히 7:1-2 "이 멜기세덱은 살렘 왕이요 지극히 높으신 하나님의 제사장이라 여러 왕을 쳐서 죽이고 돌아오는 아브라함을 만나 복을 빈 자라 아브라함이 모든 것의 십분의 일을 그에게 나누어 주니라 그 이름을 해석하면 먼저는 의의 왕이요 그 다음은 살렘 왕이니 곧 평강의 왕이요"
히 7:5 "레위의 아들들 가운데 제사장의 직분을 받은 자들은 율법을 따라 아브라함의 허리에서 난 자라도 자기 형제인 백성에게서 십분의 일을 취하라는 명령을 받았으나"

[41] 사 43:25 "나 곧 나는 나를 위하여 네 허물을 도말하는 자니 네 죄를 기억하지 아니하리라"
사 44:22 "내가 네 허물을 빽빽한 구름 같이, 네 죄를 안개 같이 없이 하였으니 너는 내게로 돌아오라 내가 너를 구속하였음이니라"

이루어짐에 따라 율법이 완전하게 되었다. 아울러 우리가 율법으로부터 해방되어 참 자유를 얻었으며, 하나님께서는 성령을 통해 친히 우리를 고아와 같이 버려두지 않고 돌보며 인도하심으로 경이로운 사랑을 나타내신 것이다.

> 내가 너희를 고아와 같이 버려두지 아니하고 너희에게로 오리라
> (요 14:18)

그러므로 이제 우리는 지나간 옛 법에 불과한 율법주의에서 벗어나, 죽기까지 자신을 희생하신 그리스도를 사랑하며 모든 것을 가르치고 인도하시는 보혜사 성령을 좇아 살아가야 한다. 이것이 바로 하나님에 대한 주권성을 올바르게 인정하며 그분을 기쁘시게 해드리는 의와 평강과 희락의 길이다.[42] 이에 따라 율법에 따른 십일조와 성령의 인침을 중심으로 한 하나님의 주권성의 변천 과정에 대한 이해를 돕기 위해 다음 〔표 Ⅱ-1〕에서 정리해 본다.

---

42 렘 31:31-33 "여호와의 말씀이니라 보라 날이 이르리니 내가 이스라엘 집과 유다 집에 새 언약을 맺으리라 이 언약은 내가 그들의 조상들의 손을 잡고 애굽 땅에서 인도하여 내던 날에 맺은 것과 같지 아니할 것은 내가 그들의 남편이 되었어도 그들이 내 언약을 깨뜨렸음이라 여호와의 말씀이니라 그러나 그 날 후에 내가 이스라엘 집과 맺을 언약은 이러하니 곧 내가 나의 법을 그들의 속에 두며 그들의 마음에 기록하여 나는 그들의 하나님이 되고 그들은 내 백성이 될 것이라 여호와의 말씀이니라"

하나님의 주권성의 변천

〔표 Ⅱ-1〕

시대	과정	하나님을 향한 주권의 인정 양태	반차	특징
구약	아브라함	멜기세덱에게 **십분의 일을 나누어줌**	아론 (레위 계통)	하나님의 레위의 제사 체계 준비
	야곱	하나님께 **십분의 일 서원**		
	레위	율법에 따라 열한 지파에게 십분의 일을 받고, 그들은 제사장에게 **십분의 일 바침**		레위의 제사 직분
신약	예수 그리스도	그리스도를 구주로서 마음에 믿음	멜기세덱	성령을 인치심으로 하나님의 주권 성취

※ 구약시대에 아브라함 이후 십분의 일을 바침으로써 하나님께 대한 경외와 더불어 주권을 인정했다면, 신약시대는 그리스도의 구속을 믿는 자들의 심령에 성령이 친히 임재하사 하나님의 모든 주권을 성도들 안에 이루셨다. 이로 인해 우리가 죄와 사망의 법으로부터 해방되어 생명의 성령의 법 안에서 참 자유를 얻고, 하나님의 새 언약에 따라 예수께서 그리스도의 율법, 곧 내가 너희를 사랑한 것같이 너희도 네 이웃을 사랑하라는 새 계명을 주시고 성령을 통해 우리를 항상 돌보시며 인도해 주신다.

III

그리스도와 율법의 관계

예수께서 온 인류를 위해 십자가에 못 박히사 흘리신 보혈로 속죄 제사를 드리심으로써 율법에 따라 제사장들이 해마다 소나 양을 잡아 반복된 제사를 드릴 필요가 없어졌다. 우리는 그리스도의 속량을 오직 깨달아 믿음으로 율법이 바라는 궁극의 목표인 '하나님 나라와 그분의 의'를 거저 얻으며 이때 인쳐진 성령을 좇아 육체의 소욕을 이기며 살아갈 수 있게 되었기 때문이다. 따라서 그리스도와 율법의 관계에 대한 이해를 제고하고자, 창조에서 시온까지의 과정과 함께 그 정점이라고 할 수 있는 단번의 희생 제사와 부활로 율법을 완성하신 그리스도에 대해 살펴본다.

1. 창조에서 시온까지

아담의 타락으로부터 시온(하늘에 계신 하나님의 도성인 천국을 상징하는 곳)에 이르기까지 하나님의 인류에 대한 구원의 경륜을, 성경 속의 역사적 사건들을 기준으로 7단계로 구분하여 핵심적인 주요 내용들을 간략히 살펴본다. 그리고 그 이루어지는 과정과 하나님의 섭리를 폭넓게 이해할 수 있도록 돕고자 관련 성경의 구절들을 중심으로 다음〔그림 Ⅲ- 1〕에서 도식화하였다.

① 천지창조와 아담 (B.C. 4,000년경)

하나님께서 태초에 천지를 창조하시고 자신의 형상대로 사람을 지으셨다. 그리고 에덴동산에서 첫 사람 아담과 하와에게 유일하게 금하신 선과 악을 알게 하는 나무의 열매를 그들이 불순종해 따 먹음으로 인해 죄가 들어왔다. 이로써 하나님께서는 죄를 알게 된 그들이 동산에 있는 생명과를 따 먹고 영생할까 하여 내보내게 되셨다.

② 노아시대의 심판 (B.C. 3,000년경)

땅에 거주하는 사람들이 죄악으로 가득 차매 하나님께서 세상을 지으심을 한탄하시고 당대의 의인 노아에게 방주를 짓게 하셨다. 그리고 그의 가족 8명과 공중의 새를 포함한 모든 정결한 짐승 암수 일곱씩 또 부정한 것 암수 둘씩 방주에 들게 하시고 40일 동안의 홍수로 세상을 심판하시기에 이르렀다.

③ 아브라함과 언약 (B.C. 2,000년경)

　복의 근원이자 믿음의 조상이라고 일컫는 아브라함이 여호와를 믿으니 그를 의로 여기셨다. 그리고 인류의 구원에 대한 언약의 표징으로 그의 아들 이삭에게 할례, 곧 양피를 베게 하셨으며 하나님께서는 약 이천 년 후에 예수 그리스도의 구속을 믿는 자들의 마음에 성령을 인치심으로 그 언약을 이루셨다.

④ 야곱과 이스라엘 (B.C. 1,800년경)

　야곱은 팥죽 한 그릇으로 형 에서로부터 장자권을 사고 눈이 어두운 아버지 이삭을 속여 영적 축복의 상속자가 되었다. 그리고 그는 이스라엘이라는 새 이름을 얻어 열두 지파의 시조가 되었으며, 율법에 따른 레위의 제사와 무관한 유다 지파를 통해 하나님께서 자신의 아들이신 독생자 그리스도를 B.C. 4년경에 온 인류를 구원하시려고 이 세상에 보내셨다.

⑤ 모세와 십계명 (B.C. 1,500년경)

　이스라엘 민족이 출애굽한 지 오십 일째에 여호와께서 시내산에서 모세를 통해 대표적 율법인 십계명을 주셨다. 그리고 곡물을 거둘 때 첫 이삭단을 안식일 이튿날에 제사장이 여호와 앞에 흔들고 오십 일째에 새 소제를 드리도록 하셨다. 이는 예수께서 십자가 위에서 단번의 희생 제사 후 안식일 다음 날 첫 열매로 부활하실 것과, 유월절(출애굽)로부터 오순절(오십 일째)에 세상에 보내주실 성령의 인침에 대한 예표였다.

⑥ 율법 조문 (B.C. 1,500년경)

이스라엘 백성이 받은 율법은 십계명을 비롯하여 613가지의 도덕적, 제사적, 규범적 조문으로 분류할 수 있으며 사람은 어느 누구를 막론하고 이를 스스로 온전히 지킬 수 없다. 그래서 거룩하신 하나님 앞에 율법의 행위로 의롭다 함을 얻을 육체가 없으며 이 율법으로는 죄를 깨닫게 하는 초등교사로서의 역할을 할 뿐이다.

⑦ 은혜와 믿음 (AD 30년)

예수께서 온 인류의 죄짐을 대신 지고 죽었다 부활하신 사실을 마음에 믿는 자들이 성령의 인침을 받음으로 율법의 궁극의 목표인 '하나님 나라와 그분의 의'를 거저 얻어 죄사함을 받게 하셨다. 그리고 우리에게 옛 계명 대신 너희가 서로 사랑하라는 새 계명을 주시고 그리스도의 신부로서 보혜사 성령을 좇아 살아감으로 시온 곧, 하나님의 나라에 이르러 영생복락을 누리도록 하셨다.

아브라함부터 다윗까지 14대요, 다윗부터 바벨론 포로까지 14대요, 바벨론 포로 후부터 그리스도까지 14대다. 이로써 하나님께서 복의 근원이라고 말씀하신 아브라함부터 그리스도까지 14대 × 3 = 42대, 곧 6(세상의 수)대가 7(완성의 수)회 반복되어진 끝에 율법의 마침으로 예수께서 이 세상에 오셨다.[43]

---

43 마 1:17 "그런즉 모든 대 수가 아브라함부터 다윗까지 열네 대요 다윗부터 바벨론으로 사로잡혀 갈 때까지 열네 대요 바벨론으로 사로잡혀 간 후부터 그리스도까지 열네 대더라"

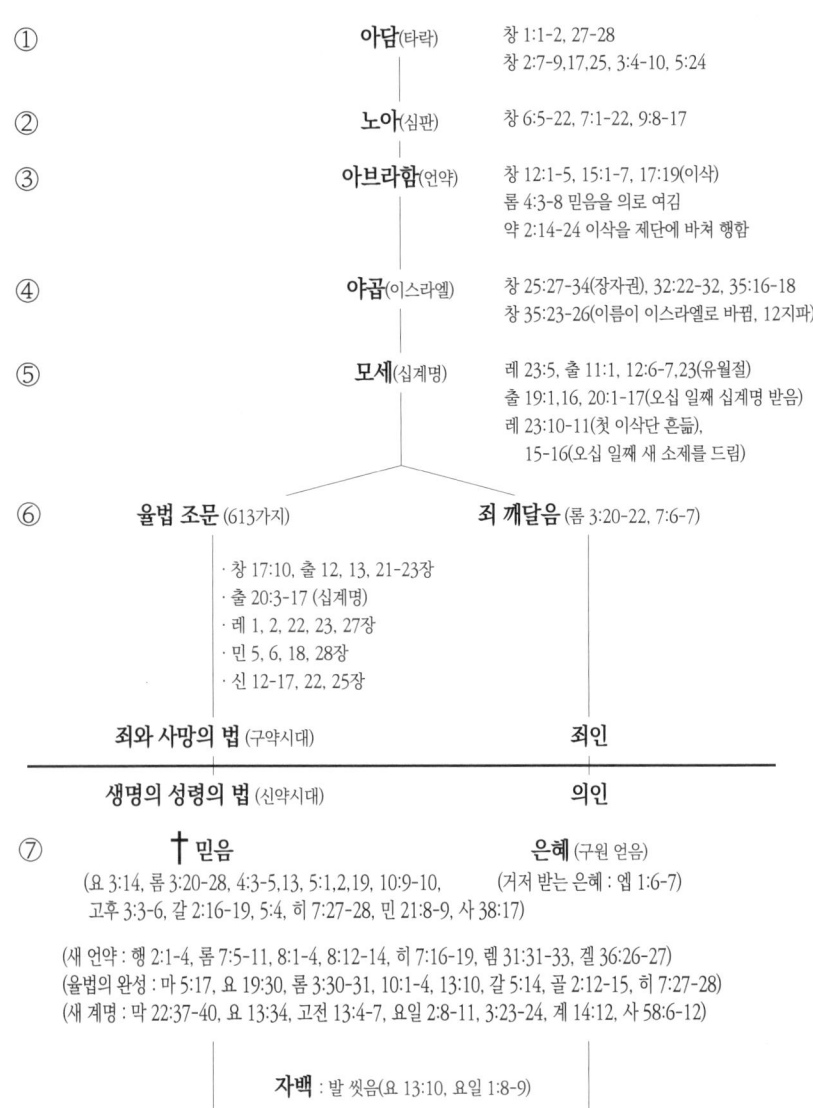

〔그림 Ⅲ-1〕

이렇듯 하나님께서는 예정하신 때가 이르매 그리스도를 이 땅에 보내사 죄로부터 구속의 역사를 이루시고 부활·승천하신 후, 오직 이를 깨달아 믿는 자들에게 성령을 인치심으로 율법에서 자유케 하시고 하나님의 자녀로서 구원에 이르도록 하셨다. 결국 예수께서 오순절에 보내주신 성령으로 인해 우리가 하나님 나라와 그분의 의를 거저 얻어 율법이 바라는 바를 이루게 되었으며, 앞서 그림에서 보듯이 구약시대의 죄와 사망의 법이 신약시대에 새로워진 생명의 성령의 법체계로 전환된 것이다.[44]

따라서 누구든지 이 세상에서 그리스도의 속량을 마음에 믿는 자들은 성령이 주시는 참평강 가운데 구원의 기쁨을 누릴 수 있게 되었다. 범사에 참스승이신 보혜사 성령을 좇아 행함으로 육체의 소욕을 이기고 그리스도의 신부로서 여정을 살아가는 하나님의 놀라우신 사랑과 은혜를 입은 것이다.

> 하나님의 나라는 먹는 것과 마시는 것이 아니요 오직 성령 안에 있는 의와 평강과 희락이라 (롬 14:17)

새로워진 둘째 것

예수께서 이루신 죄로부터의 구속 사역으로 인해 율법의 완성과 더불어 그 마침이 되사 이를 깨달아 믿는 자들에게 성령을 인치셨다(AD 30년). 이는 첫째 것인 죄와 사망의 길이었던

---

[44] 롬 8:1-2 "그러므로 이제 그리스도 예수 안에 있는 자에게는 결코 정죄함이 없나니 이는 그리스도 예수 안에 있는 생명의 성령의 법이 죄와 사망의 법에서 너를 해방하였음이라"

율법 대신에 하나님께서 아브라함에게 준 언약에 따라 그리스도의 대속으로 다시 세우신 둘째 것, 곧 생명의 성령의 법으로 전환되었음을 의미한다.[45]

즉, 육신에 속한 옛 계명인 율법에서 해방되어, 새 언약에 따라 오직 그리스도를 구주로 마음에 믿음으로 거듭나 새 생명을 거저 얻고 성령을 좇아 참 평강 가운데 살아가는 그리스도의 율법인 새 계명 체계로 바뀐 것이다. 이와 관련하여 혼동하기 쉬운 율법의 완성, 새 언약, 새 계명에 대한 개념들을 좀 더 살펴본다.

(율법의 완성)

사람이 율법을 지키지 못해 죄인의 신분이었지만, 오직 그리스도의 구속을 마음에 믿음으로 은혜로 성령의 인침을 받아 '하나님 나라와 그분의 의'를 얻게 되었다. 이로써 율법이 바라는 궁극의 목표가 이루어져 완성됨에 따라 율법 그 자체가 무익해졌다.[46] 그래서 초등교사로서 죄를 깨닫게 하는 율법은 그 수명을 다했기에 마땅히 폐해져야 한다. 그리고 율법 대신 그리스도의 영이신 보혜사 성령이 우리 안에서 거하사, 우리는 모든 것을 가르치고 도우며 인도하시는 성령을 좇아 살아감으로 육체의 소욕을 이기고 시온에 이르게 된다.

---

45 히 10:9-10 "그 후에 말씀하시기를 보시옵소서 내가 하나님의 뜻을 행하러 왔나이다 하셨으니 그 첫째 것을 폐하심은 둘째 것을 세우려 하심이라 이 뜻을 따라 예수 그리스도의 몸을 단번에 드리심으로 말미암아 우리가 거룩함을 얻었노라"
46 롬 13:10 "사랑은 이웃에게 악을 행하지 아니하나니 그러므로 사랑은 율법의 완성이니라"

(새 언약)

　처음 아브라함이 여호와를 믿으니 의義로 정하신 것과 같이,[47] 새 언약에 따라 그리스도의 속량을 깨달아 믿는 자들의 마음속에 새 영이신 성령을 인쳐주심으로 은혜로 하나님의 의를 얻어 구원에 이르게 하셨다.[48] 그래서 온 인류가 완전한 구원의 시스템인 생명의 성령의 법에 따라 오직 믿음으로 그리스도와 동행하며 성령을 좇아 행함으로 더욱 높아진 율법의 요구를 이룰 수 있게 되었다.

(새 계명)

　옛 계명인 율법과 선지자들의 강령의 본질은, 온 마음과 목숨과 뜻을 다하여 하나님을 사랑하고 네 이웃을 내 몸과 같이 사랑하라는 것이었다. 새 언약에 따라 주신 새 계명도, 예수께서 우리를 사랑하신 것같이 우리도 서로 사랑하라는 말씀이다. 그리스도의 대속의 사랑으로 인해 패러다임이 새롭게 바뀌어, 육신에 속하여 무익해진 율법의 옛 계명 체계 대신에, 보혜사 성령이 도우심으로써 그리스도의 율법인 새 계명에 따라 우리가 서로 사랑하도록 전환되었다.

---

[47]　창 15:6 "아브람이 여호와를 믿으니 여호와께서 이를 그의 의로 여기시고 그런즉 믿음으로 말미암은 자들은 아브라함의 자손인 줄 알지어다 또 하나님이 이방을 믿음으로 말미암아 의로 정하실 것을 성경이 미리 알고 먼저 아브라함에게 복음을 전하되 모든 이방인이 너로 말미암아 복을 받으리라 하였느니라 그러므로 믿음으로 말미암은 자는 믿음이 있는 아브라함과 함께 복을 받느니라"

[48]　히 9:15 "이로 말미암아 그는 새 언약의 중보자시니 이는 첫 언약 때에 범한 죄에서 속량하려고 죽으사 부르심을 입은 자로 하여금 영원한 기업의 약속을 얻게 하려 하심이라"
히 10:16 "주께서 이르시되 그 날 후로는 그들과 맺을 언약이 이것이라 하시고 내 법을 그들의 마음에 두고 그들의 생각에 기록하리라 하신 후에"

2. 다 이루신 예수 그리스도

1) 예언의 성취

바울은 "그러므로 율법의 행위로 그의 앞에 의롭다 하심을 얻을 육체가 없나니 율법으로는 죄를 깨달음이니라 이제는 율법 외에 하나님의 한 의가 나타났으니 율법과 선지자들에게 증거를 받은 것이라 곧 예수 그리스도를 믿음으로 말미암아 모든 믿는 자에게 미치는 하나님의 의니 차별이 없느니라"(롬 3:20-22)고 하였다.

이렇듯 율법의 행위로는 하나님 앞에 아무도 의롭다 함을 얻을 육체가 없어, 선지자들이 예언했던 대로 죄로부터의 속량을 믿는 자들의 의를 이루시기 위해 예수께서 친히 십자가에 달리사 자신의 피로 영원한 속죄를 이루셨다.[49]

---

[49] 사 38:17 "보옵소서 내게 큰 고통을 더하신 것은 내게 평안을 주려 하심이라 주께서 내 영혼을 사랑하사 멸망의 구덩이에서 건지셨고 내 모든 죄를 주의 등 뒤에 던지셨나이다"
사 44:22 "내가 네 허물을 빽빽한 구름 같이, 네 죄를 안개 같이 없이(도말, 개역한글본)하였으니 너는 내게로 돌아오라 내가 너를 구속하였음이니라"
갈 3:11-14 "또 하나님 앞에서 아무도 율법으로 말미암아 의롭게 되지 못할 것이 분명하니 이는 의인은 믿음으로 살리라 하였음이라 율법은 믿음에서 난 것이 아니니 율법을 행하는 자는 그 가운데서 살리라 하였느니라 그리스도께서 우리를 위하여 저주를 받은 바 되사 율법의 저주에서 우리를 속량하셨으니 기록된 바 나무에 달린 자마다 저주 아래에 있는 자라 하였음이라 이는 그리스도 예수 안에서 아브라함의 복이 이방인에게 미치게 하고 또 우리로 하여금 믿음으로 말미암아 성령의 약속을 받게 하려 함이라"
히 9:11-12 "그리스도께서는 장래 좋은 일의 대제사장으로 오사 손으로 짓지 아니한 것 곧 이 창조에 속하지 아니한 더 크고 온전한 장막으로 말미암아 염소와 송아지의 피로 하지 아니하고 오직 자기의 피로 영원한 속죄를 이루사 단번에 성소에 들어가셨느니라"

따라서 십계명, 십일조, 할례 등 율법의 행위가 아닌, 하나님의 은혜로 부족하지만 온 인류를 죄에서 구속하신 그리스도의 사랑을 깨닫고 믿는 자들에게 하나님의 의가 전가되어 성령이 인쳐질 때 율법이 완전하게 된다.[50]

아직도 율법 안에서 의를 얻어 복을 받으려는 자는 그리스도의 은혜에서 떨어진 자요 죄의 종의 멍에를 메고 있는 형국이다.[51] 율법을 행함으로 의를 이루려는 것은 가인의 제사처럼 자기 의를 이루려는 것뿐이요, 아무리 훌륭한 선자善者라 할지라도 자기 의로서는 거룩하신 하나님의 의에 미칠 수 없는 것이다.[52]

결국 우리가 하나님의 의를 얻기 위해서는 사랑으로 역사하시는 그리스도의 구속에 대한 믿음뿐이다. 나아가 사람을 불리하게 하는 묵은 율법조문 대신에, 우리의 마음속에 찾아오신 그리스도의 영이요, 진리의 영이신 성령을 따라 행할 때 율법의 높아진 요구를 이룰 수 있게 되었다.[53]

---

[50] 골 1:13-14 "그가 우리를 흑암의 권세에서 건져내사 그의 사랑의 아들의 나라로 옮기셨으니 그 아들 안에서 우리가 속량 곧 죄 사함을 얻었도다"
사 53:6 "우리는 다 양 같아서 그릇 행하여 각기 제 길로 갔거늘 여호와께서는 우리 모두의 죄악을 그에게 담당시키셨도다"

[51] 갈 5:1 "그리스도께서 우리를 자유롭게 하려고 자유를 주셨으니 그러므로 굳건하게 서서 다시는 종의 멍에를 메지 말라"

[52] 고후 5:21 "하나님이 죄를 알지도 못하신 이를 우리를 대신하여 죄로 삼으신 것은 우리로 하여금 그 안에서 하나님의 의가 되게 하려 하심이라"

[53] 갈 5:2-3 "보라 나 바울은 너희에게 말하노니 너희가 만일 할례를 받으면 그리스도께서 너희에게 아무 유익이 없으리라 내가 할례를 받는 각 사람에게 다시 증언하노니 그는 율법 전체를 행할 의무를 가진 자라"
엡 2:15-16 "법조문으로 된 계명의 율법을 폐하셨으니 이는 이 둘로 자기 안에서 한 새 사람을 지어 화평하게 하시고 또 십자가로 이 둘을 한 몸으로 하나님과 화목하게 하려 하심이라 원수 된 것을 십자가로 소멸하시고"

그리스도는 모든 믿는 자에게 의를 이루기 위하여 율법의 마침이 되시니라 (롬 10:4)

따라서 예수께서 율법을 완전하게 하려고 오셨다는 말씀은,[54] 우리 속에 새 영, 곧 성령을 두어 굳은 마음을 제거하고 그리스도의 율례를 지켜 행하게 하신다는 에스겔 선지자의 예언의 성취기도 하다. 또한 바울이 갈라디아교회에 보낸 서신에 성령을 좇아 행함으로 육체의 소욕을 이루지 아니하리라는 교훈과 일맥상통한다.

또 새 영을 너희 속에 두고 새 마음을 너희에게 주되 너희 육신에서 굳은 마음을 제거하고 부드러운 마음을 줄 것이며 또 내 영을 너희 속에 두어 너희로 내 율례를 행하게 하리니 너희가 내 규례를 지켜 행할지라 (겔 36:26-27)

내가 이르노니 너희는 성령을 따라 행하라 그리하면 육체의 욕심을 이루지 아니하리라 (갈 5:16)

그리스도의 구속을 믿는 자들에게 찾아오신 성령은 목마른 자들의 배에서 솟아 나오는 생수의 강이 되어 지금도 성도들 안에 넘쳐 흐르고 있다. 이에 따라 예수께서 다 이루신 율법의 완결성에 대한 이해를 돕고자, 먼저 이스라엘 백성이 출애굽할 때 십계명을 주시고 오순절五旬節에 성령의 처음 임재하심을 통해 하나님의 구원의 경륜을 성취하시는 과정을 살펴본다.

---

54 마 5:17 "내가 율법이나 선지자를 폐하러 온 줄로 생각하지 말라 폐하러 온 것이 아니요 완전하게 하려 함이라"

하나님께서는 그들이 출애굽 시 양을 잡아 문설주에 피를 바른 때로부터 50일째 모세를 통해 시내산에서 대표적 율법인 십계명을 주셨다. 즉, 다음 성경 구절들에서 밑줄 친, 첫째 달 14일에 양의 피를 바른 집은 사망에서 구원을 받고(유월절), 이튿날 애굽 거처에서 출발하여 셋째 달 1일에[55] 시내 광야에 이르러 셋째 달 3일에 첫 언약인 십계명을 받았다. 이날이 정확하게 17일(첫째 달, 14일~30일) + 30일(둘째 달) + 3일(셋째 달, 셋째 날) = 50일五旬째였던 것이다.

<u>이 달 열나흗날까지 간직하였다가 해 질 때에</u> 이스라엘 회중이 그 양을 잡고   (출 12:6)

<u>첫째 달 열나흗날 저녁은</u> 여호와의 유월절이요   (레 23:5)

이스라엘 자손이 애굽 땅을 떠난 지 <u>삼 개월이 되던 날</u> 그들이 시내 광야에 이르니라   (출 19:1)

<u>셋째 날 아침에</u> 우레와 번개와 빽빽한 구름이 산 위에 있고 나팔 소리가 매우 크게 들리니 진중에 있는 모든 백성이 다 떨더라   (출 19:16)

또 유월절逾越節 성막이 세워진 지 50일째(30+20=50일) 장차 이 땅에 임재하실 성령을 암시하는 구름이 증거막에 떠올라, 당시 이스라엘 백성들이 이 구름의 진행에 따라 나아가고 멈추었다 하게 하심으로써 출애굽 고난의 여정을 안내하셨다. 이는 신약시대에 성도들을 성령을 통해 인도하실 것에 대한 상징적인 장면이다.

---

55 '삼 개월이 되던 날'(개역개정)은 다른 성경 버전에는 '3월 1일에'(현대인의 성경), '셋째 달에 바로 그날에'(KJV 흠정역)로 번역되어 있음을 볼 수 있다.

> 둘째 해 첫째 달 곧 그 달 초하루에 성막을 세우니라 (출 40:17)

> 둘째 해 둘째 달 스무날에 구름이 증거의 성막에서 떠오르매 이스라엘 자손이 시내 광야에서 출발하여 자기 길을 가더니 바란 광야에 구름이 머무니라 이와 같이 그들이 여호와께서 모세에게 명령하신 것을 따라 행진하기를 시작하였는데 (민 10:11-13)

이 놀랍고도 위대한 사건들은, 예수께서 단번의 제사를 드리고 부활하신 지 50일째인 오순절에, 우리의 삶의 영적 양식이 되는 생명수 같은 성령이 마가의 다락방에 처음 임했던 것과 일치한다. 여기에 불완전한 율법인 십계명을 대신하여 그리스도의 속량을 믿는 자들에게 성령을 인치시는 하나님의 거룩한 섭리가 계신다. 즉, 성령이 임재하신 성도들 안에 '하나님의 나라와 그분의 의義'를 이루심으로써 율법을 완성하신 것이다.

한편 하나님께서는 이스라엘 민족이 이집트로부터 구원을 받아 나온 유월절이 속한 이 역사적인 달을 해의 첫 달로 삼으라고 하셨다.[56] 이는 유월절이 출애굽한 이스라엘 민족의 새로운 역사적 출발이 되었다는 것을 의미한다.

결론적으로 유월절에 드린 그리스도의 단번의 제사로 인해 온 인류를 죄와 사망의 법에서 해방하시고, 생명의 성령의 법으로 전환하사 예수 그리스도의 새 역사가 시작되었다. 그리고 십계명을 받을 때, 구름이 증거막에 떠오를 때, 성령이 처음 이 세상에 임재

---

[56] 출 12:1-2 "여호와께서 애굽 땅에서 모세와 아론에게 일러 말씀하시되 이 달을 너희에게 달의 시작 곧 해의 첫 달이 되게 하고"
막 14:12 "무교절의 첫날 곧 유월절 양 잡는 날에 제자들이 예수께 여짜오되 우리가 어디로 가서 선생님께서 유월절 음식을 잡수시게 준비하기를 원하시나이까 하매"

하실 때, 모두 하나님께서 오순절에 이루신 경이로운 역사인 것이다.

이때 증거막에 떠오른 구름은, 그리스도를 의지함으로 성령 충만을 얻어 자기를 죽이고 성령을 좇아 살라는 하나님의 거룩하신 뜻을 상징적으로 보여주신다. 이를 통해 우리는 옛 선지자들의 예언에 따라, 율법 대신 성령 안에 하나님의 나라와 그분의 의를 이루신 그분의 구원의 경륜과 위대하신 섭리에 대해, 깊은 감사와 더불어 감격의 마음이 충만해지는 것을 느낄 수 있다.

2) 성령의 임재

전술한 대로, 율법은 모세를 통해 이스라엘 민족에게 죄를 깨닫도록 주어진 613가지의 각종 조문들이다. 이 율법은 그들의 모든 생활 속에서 선악을 판단하는 기준과 죄를 깨닫게 하는 거울로서 인류의 구원을 위해 절대 필요한 '의義' 그 자체이신 장차 오실 예수 그리스도의 그림자였다.

이후 본체이신 예수께서 단번의 희생 제사를 드리고 부활하심으로써, 자신을 구주로 깨달아 믿는 자들을 유대인이든 이방인이든 무론하고 인간의 원죄를 포함한 모든 죄에 대해 정죄함이 없이 생명의 성령의 법에 따라 구원에 이르게 하셨다.[57] 하지만 아직도 이를 믿지 않는 유대인들은 율법에 따라 정죄가 되어 심판에 이

---

57 롬 10:9-10 "네가 만일 네 입으로 예수를 주로 시인하며 또 하나님께서 그를 죽은 자 가운데서 살리신 것을 네 마음에 믿으면 구원을 받으리라 사람이 마음으로 믿어 의에 이르고 입으로 시인하여 구원에 이르느니라"

르고 율법이 없는 이방인들은 양심이 증거가 되어 그에 따라 심판을 받게 된다.[58]

바울이 로마교회에 보낸 서신에 "그러나 죄가 기회를 타서 계명으로 말미암아 내 속에서 온갖 탐심을 이루었나니 이는 율법이 없으면 죄가 죽은 것임이라 전에 율법을 깨닫지 못했을 때에는 내가 살았더니 계명이 이르매 죄는 살아나고 나는 죽었도다 생명에 이르게 할 그 계명이 내게 대하여 도리어 사망에 이르게 하는 것이 되었도다"(롬 7:8-10)라고 하였다.

이는 그리스도로 인해 율법이 마침이 된 신약시대에도, 십일조를 의무적으로 바쳐야 한다는 기준을 두면 그로 인해 죄가 우리 안에 기회를 타서 탐심을 이루지만, 그 기준에서 해방되면 죄를 구성할 수 없다는 함의이기도 하다. 누구나 율법에 매이면 그 계명을 타고 죄가 살아나 결국 사망에 이르게 되므로 우리에게 승리를 주신 그리스도의 은혜와 사랑을 저버리는 어리석은 짓을 하지 말아야 할 것이다.[59]

한편 예수께서 성령의 임재를 위해 구하도록 가르치신, 마태복음 6:9-13절의 이른바 주기도문(이하 '주님의 기도'라고 한다.)은 은유적, 영적 해석을 필요로 한다. 따라서 이를 위해 주님의 기도 가운데 "나라가 임하시오며 뜻이 하늘에서 이루어진 것 같이 땅에서도 이루어지이다. 오늘 우리에게 **일용할 양식**을 주시옵고 우리가

---

[58] 롬 2:14-16 "(율법 없는 이방인이 본성으로 율법의 일을 행할 때에는 이 사람은 율법이 없어도 자기가 자기에게 율법이 되나니 이런 이들은 그 양심이 증거가 되어 그 생각들이 서로 혹은 고발하며 혹은 변명하여 그 마음에 새긴 율법의 행위를 나타내느니라) 곧 나의 복음에 이른 바와 같이 하나님이 예수 그리스도로 말미암아 사람들의 은밀한 것을 심판하시는 그 날이라"

[59] 고전 15:56-57 "사망이 쏘는 것은 죄요 죄의 권능은 율법이라 우리 주 예수 그리스도로 말미암아 우리에게 승리를 주시는 하나님께 감사하노니"

우리에게 죄 지은 자를 사하여 준 것 같이 우리 죄를 사하여 주시옵고"(마 6:10-12)의 내용을 살펴보기로 한다.[60] (V의 3. 2) 먼저 하나님 나라와 그분의 의를 구하라 편 참고)

여기서 전후 문맥을 볼 때 일용할 양식은, 하나님의 나라와 함께 그분의 뜻이 이 땅에서 온전히 이루어지기 위해 반드시 필요하며[61] 또한 우리가 죄사함을 얻기 위해 하나님으로부터 받아야 할 중요한 '무엇'이라고 할 수 있다.

이 '무엇'에 대해 우선 영적 양식으로서 목마르지 않는 '샘물'을 비유하는 데 방점을 두고,[62] 성경 안에서의 논리적 확증을 위해, 이를 아래의 말씀처럼 당시 이 땅에 오시지 않았던 하나님 나라와 그분의 의를 함의하는 '성령'과 연계하여 보자.

> 명절 끝날 곧 큰 날에 예수께서 서서 외쳐 이르시되 누구든지 목마르거든 내게로 와서 마시라 나를 믿는 자는 성경에 이름과 같이 그 배에서 생수의 강이 흘러나오리라 하시니 이는 그를 믿는 자들이 받을 성령을 가리켜 말씀하신 것이라 (예수께서 아직 영광을 받지 않으셨으므로 성령이 아직 그들에게 계시지 아니하시더라) (요 7:37-39)

이는 먼저 통전적 해석에 따라, 뒤에 이어지는 "그러므로 염려하여 이르기를 무엇을 먹을까 무엇을 마실까 무엇을 입을까 하지 말라 이는 다 이방인들이 구하는 것이라 … 그런즉 너희는 먼저 **그의 나라와 그의 의를 구하라** 그리하면 이 모든 것을 너희에게 더하

---

60 강신해, 『알기 쉬운 산상보훈』, 110-113.
61 요 4:34 "예수께서 이르시되 나의 양식은 나를 보내신 이의 뜻을 행하며 그의 일을 온전히 이루는 이것이라"
62 요 4:14 "내가 주는 물을 마시는 자는 영원히 목마르지 아니하리니 내가 주는 물은 그 속에서 영생하도록 솟아나는 샘물이 되리라"

시리라"(마 6:31-33절)고 하신 말씀에서 확실한 답을 찾을 수 있다.

만일 앞서 양식이 육신을 위해 구해야 할 빵bread이라면, 이방인들이 구하는 것이 되어 이치적으로나 논리적, 통전적으로 맞지 않아 예수께서 가르치신 기도라고 할 수 없다. 오히려 먼저 하나님 나라와 그분의 의를 구할 때 빵을 포함한 모든 것들까지 더하여 주겠다는 말씀이셨던 것이다.

또한 여기서 제자들이 구해야 할 '하나님의 나라와 그분의 의'는 우리가 구원에 이르는 유일한 길로서, 하나님의 은혜로 그리스도의 단번의 제사와 부활, 그리고 성령의 인침을 통해서만 얻을 수 있었다.[63]

얼마 후에 예수께서 십자가에서 대속의 희생 제사를 드리고 부활하사 죄와 사망의 권세를 이기고 죄로부터의 속량을 이루셨다. 그리고 우리는 이를 오직 마음에 믿음으로, 마르지 않는 샘물에서 솟아나는 생수 같은 일용할 영적 양식인 성령을 받고 죄와 사망의 법(율법)에서 해방되어 비로소 구원을 얻을 수 있게 되었다.

그러므로 앞서 주님의 기도 가운데 양식은, 결국 온 인류의 구원을 위해 죄와 사망에서 해방될 수 있도록, 너희는 먼저 하나님께 생명수이자 일용할 영적 양식으로서 '성령의 임재'를 구하라는 의미셨던 것이다.

결론적으로 예수께서 구하라고 가르치신 일용할 양식은, 육적 빵이 아닌 마르지 않는 생수의 강인 **성령**을 뜻하는 것을 알 수 있다. 우리 안에 율법이 요구하는 하나님 나라와 그분의 의가 이루어지도록, 일용할 영적 양식이 되는 생수 같은 성령을 보내주시

---

[63] 롬 14:17 "하나님의 나라는 먹는 것과 마시는 것이 아니요 오직 성령 안에 있는 의와 평강과 희락이라"

도록 가르치신 기도였던 것이다.⁶⁴ 그리고 이 기도는 예수께서 부활·승천하신 후 처음 오순절 날에 마가의 다락방에 성령의 임재로 응답되었다.⁶⁵

> 오순절 날이 이미 이르매 그들이 다같이 한 곳에 모였더니 홀연히 하늘로부터 급하고 강한 바람 같은 소리가 있어 그들이 앉은 온 집에 가득하며 마치 불의 혀처럼 갈라지는 것들이 그들에게 보여 각 사람 위에 하나씩 임하여 있더니 그들이 다 성령의 충만함을 받고 성령이 말하게 하심을 따라 다른 언어들로 말하기를 시작하니라 (행 2:1-4)

그러므로 이제는 예수께서 보혜사 성령을 보내오셨기에, 무익해진 법조문으로 된 율법에 대하여 우리가 벗어나야(죽어야) 한다.⁶⁶ 오히려 율법을 지켜 자기 스스로 의를 얻고자 하는 자는 그리스도의 복음에 역행하므로 하나님의 의에 이르지 못하고 죄와 사망의 길을 걷게 된다. 이는 예수께서 단번의 희생 제사로 이루심으로 허무신 것을 다시 세우는 일로써 성령을 거스려 자기를 범법자로 만드는 악한 행태라고 할 수 있다.

---

64 롬 8:4 "이것은 육신을 따라 걷지 아니하고 성령을 따라 걷는 우리 안에서 율법의 의가 성취되게 하려 하심 이니라"(KJV 흠정역)
65 행 1:13-14 "들어가 그들이 유하는 다락방으로 올라가니 베드로, 요한, 야고보, 안드레와 빌립, 도마와 바돌로매, 마태와 및 알패오의 아들 야고보, 셀롯인 시몬, 야고보의 아들 유다가 다 거기 있어 여자들과 예수의 어머니 마리아와 예수의 아우들과 더불어 마음을 같이하여 오로지 기도에 힘쓰더라"
행 12:12 "깨닫고 마가라 하는 요한의 어머니 마리아의 집에 가니 여러 사람이 거기에 모여 기도하고 있더라"
66 갈 2:19 "내가 율법으로 말미암아 율법에 대하여 죽었나니 이는 하나님에 대하여 살려 함이라"
히 7:12-13 "제사 직분이 바꾸어졌은즉 율법도 반드시 바꾸어지리니 이것은 한 사람도 제단 일을 받들지 않는 다른 지파에 속한 자를 가리켜 말한 것이라"

> 만일 내가 헐었던 것을 다시 세우면 내가 나를 범법한 자로 만드는 것이
> 라 (갈 2:18)

하나님의 놀라우신 은총으로 인해 누구든지 그리스도를 구주로 영접하는 자는 성령이 영원히 마르지 않는 생명수로서 샘물이 되므로 그분과 더불어 먹고 마시며 살아가는 은혜를 입게 되었다.[67] 신약시대를 살아가는 성도들의 마음에 일용할 영적 양식인 성령이 임재하사 율법이 바라는 바 하나님 나라와 그분의 의가 이루어지고, 또 세상에서 무엇과도 바꿀 수 없는 그리스도의 신부로서 감읍하신 사랑과 은총을 누리게 된 것이다.

> 내가 율법이나 선지자를 폐하러 온 줄로 생각하지 말라 폐하러 온 것이
> 아니요 완전하게 하려 함이라 (마 5:17)

> 예수께서 신 포도주를 받으신 후에 이르시되 다 이루었다 하시고 머리
> 를 숙이니 영혼이 떠나가시니라 (요 19:30)

---

67 계 3:20 "볼지어다 내가 문 밖에 서서 두드리노니 누구든지 내 음성을 듣고 문을 열면 내가 그에게로 들어가 그와 더불어 먹고 그는 나와 더불어 먹으리라"
계 21:6 "또 내게 말씀하시되 이루었도다 나는 알파와 오메가요 처음과 마지막이라 내가 생명수 샘물을 목마른 자에게 값없이 주리니"

IV

복음과 율법주의

복음의 핵심은 그리스도의 속량을 마음에 깨달아 오직 믿음으로 하나님 나라와 그분의 의를 거저 얻어 거듭나 중생重生함으로 구원에 이르는 것이다. 반면 율법주의자들은 입으로 주님을 부르지만 자기 행위로 의를 이루고자 하므로 온전한 의를 얻지 못해 결국 심판에 이르게 된다. 전자는 영원한 생명에 이르는 성령의 길이요, 후자는 이 땅에서 끝내 죄를 해결할 수 없는 사망의 길이다. 따라서 본 장은 참복음과 율법주의의 실재적 의미와 함께, 장성한 그리스도인으로서 성장해 가는 데 있어 점진적 과정에 나타나는 믿음의 단계별 특징들을 성경을 기준으로 살펴본다.

1. 참복음

1) 죄와 의와 심판에 대하여

예수께서 "그러나 내가 너희에게 실상을 말하노니 내가 떠나가는 것이 너희에게 유익이라 내가 떠나가지 아니하면 보혜사가 너희에게로 오시지 아니할 것이요 가면 내가 그를 너희에게로 보내리니 그가 와서 죄에 대하여, 의에 대하여, 심판에 대하여 세상을 책망하시리라"(요 16:7-8)고 하셨다.

이는 그리스도의 대속 후에 부활 승천하사 보혜사 성령을 이 땅에 보내주심으로써, 세상 사람들이 '죄와 의와 심판'에 대하여 잘못 생각하고 있는 바를 깨우쳐 주실 것이므로[68] 자신이 떠나가는 편이 제자들에게 더 유익하다는 말씀이다. 따라서 오늘날 그리스도를 구주로 믿는 성도들은 마음에 찾아오신 성령을 통해 이를 올바르게 깨달아야 하는 것이다. 그 의미들에 대해 각각 살펴보면 다음과 같다.

죄에 대하여

예수께서 온 인류의 죄를 대신 짊어지고 죽으셨다 부활하심으로 영원한 속죄를 다 이루셨으나 이 사실을 사람들이 믿지 않는 것, 곧 피로 구원하신 그리스도를 구주로서 영접하지 않은 것 자체가

---

[68] 요 16:8 "그분이 오시면 죄와 의와 심판에 대하여 세상이 잘못 생각하고 있는 점을 깨우쳐 주실 것이다"(현대인의 성경)

'죄'라는 의미다.[69] 이때 믿음의 실체에 대해 유의할 점은, 단순히 머리나 입으로만이 아니라 마음에 깨달아 온전히 믿어져야 한다.

바울은 그리스도 안에 있는 자들은 죄와 사망의 법에서 해방되어 이와 무관한 자로 여겨주시므로 하나님께서 정죄하시지 않는다고 하였다.[70] 이처럼 그리스도의 구속 사역에 순종한 자들은 부족할지라도 오직 이를 마음에 믿음으로 죄사함을 거저 얻어 영생에 이른다. 그러나 이에 대하여 믿지 않음으로 불순종한 자들은 결국 죄의 문제를 해결하지 못해 하나님의 무서운 진노가 따르는 것이다.

죄에 대하여라 함은 그들이 나를 믿지 아니함이요 (요 16:9)

의에 대하여

예수께서는 온 인류의 죄를 대속하고자 십자가 위에서 단번의 희생 제사를 드리신 후 하나님께로부터 다시 '의義'를 얻어 부활하사 하늘에 오르셨다. 이를 오롯이 깨달아 믿는 자들에게 그리스도의 의가 전가됨으로써 우리가 거듭나 새 생명을 얻어 구원에 이른다.

따라서 우리가 '의'를 얻었다는 것은, 예수께서 온 인류를 위해 죽었다 살아나셔서 하나님께로 가셨으므로 우리가 다시 볼 수 없게 된 것을 함의한다.

---

69 엡 1:7 "우리는 그리스도 안에서 그의 은혜의 풍성함을 따라 그의 피로 말미암아 속량 곧 죄 사함을 받았느니라"
70 롬 6:10-11 "그가 죽으심은 죄에 대하여 단번에 죽으심이요 그가 살아 계심은 하나님께 대하여 살아 계심이니 이와 같이 너희도 너희 자신을 죄에 대하여는 죽은 자요 그리스도 예수 안에서 하나님께 대하여는 살아 있는 자로 여길지어다"

의에 대하여라 함은 내가 아버지께로 가니 너희가 다시 나를 보지 못함
이요 (요 16:10)

하나님의 義

옳을 義(의) 자의 구성은, 나 我(아) 자 위에 올라와 있는 양 羊(양) 자의 모습이다. 이에 대하여 그리스도의 복음과 관련하여 그 근원을 살펴보자.

예수께서 이 세상에 오시기까지 유대인들은 사람이 죄를 지을 때 율법에 따라 소나 양 등을 제사장 앞으로 가져가 속죄 제사를 드렸다. 그러다 약 이천 년 전 하나님의 아들이 사람의 몸을 빌려 이 세상에 구세주로 오셔서 온 인류의 대속을 위해 **나**我를 위한 속죄 **양**羊으로서 십자가 위에서 단번의 희생 제사를 드리셨다. 이후 부활·승천하시므로 이 세상에서 그리스도를 다시 볼 수 없게 되었으며 대신 온 인류를 고아처럼 버려두지 않기 위해 보혜사 성령을 보내주셨다. 따라서 예수 그리스도의 구속을 마음에 믿는 자들은 하나님으로부터 **의**義를 거저 얻음으로 거듭나 성령의 인도를 받으며 영생의 구원에 이른다.

심판에 대하여

전술한 대로, 예수께서 십자가 위에서 온 인류 대신 저주받은 바

되어 죽으셨다 부활하심은 하나님으로부터 의를 회복하셨음을 말해준다. 이를 깨달아 믿는 자들에게 그리스도의 의가 전가되므로 그들 앞에 이 세상 임금, 곧 공중 권세 주관자인 사탄이 심판을 받아 힘을 잃어버린 상황이다.

그러므로 그리스도 안에 있는 자들은 이미 심판을 받아 무력해진 사탄의 참소에 정죄 받지 않고, 생명의 성령의 법에 따라 죄와 사망의 법에서 해방되어 영생에 이르는 것이다.

> 심판에 대하여라 함은 이 세상 임금이 심판을 받았음이라 (요 16:11)

앞서 구약시대의 대표적 율법에 속한 십계명은 한마디로 하나님을 사랑하고(1-4계명) 내 이웃을 사랑하라(5-10계명)는 의미였으며, 이는 율법과 선지자들의 강령의 본질이기도 하였다.[71] 그리고 예수께서는 계명들 가운데 지극히 작은 것 하나라도 행하며 가르치는 자는 천국에서 크다 일컬음을 받으리라고 말씀하셨다.[72]

이는 율법의 마침으로 오신 예수께서 죄와 사망의 길인 율법으로 회귀하라는 뜻이 아니라, 그 본질인 하나님에 대한 사랑과 우리 이웃 사랑에 대한 실천을 강조하신 것으로 보인다. 이제 그리스도 안에서 참 자유를 얻은 성도들은 율법의 긴 터널에서 해방되

---

71 마 7:12 "그러므로 무엇이든지 남에게 대접을 받고자 하는 대로 너희도 남을 대접하라 이것이 율법이요 선지자니라"
  마 22:37-40 "예수께서 이르시되 네 마음을 다하고 목숨을 다하고 뜻을 다하여 주 너의 하나님을 사랑하라 하셨으니 이것이 크고 첫째 되는 계명이요 둘째도 그와 같으니 네 이웃을 네 자신 같이 사랑하라 하셨으니 이 두 계명이 온 율법과 선지자의 강령이니라"
72 마 5:19 "그러므로 누구든지 이 계명 중의 지극히 작은 것 하나라도 버리고 또 그같이 사람을 가르치는 자는 천국에서 지극히 작다 일컬음을 받을 것이요 누구든지 이를 행하며 가르치는 자는 천국에서 크다 일컬음을 받으리라"

어, 새 언약에 따라 다시 세우신 그리스도의 율법인 새 계명에 따라야 한다. 진실로 하나님을 사랑하고 우리가 서로 사랑하며 살아가는 것이 생명의 성령의 법을 좇는 영생의 길이다.[73]

> 새 계명을 너희에게 주노니 서로 사랑하라 내가 너희를 사랑한 것 같이 너희도 서로 사랑하라 (요 13:34)

하나님께서는 독생자이신 그리스도를 온 인류의 대속물로 아낌없이 주심으로써 경이롭고 위대하신 사랑으로 영원한 생명의 길을 보이셨다.[74] 그러므로 우리는 하나님의 거룩하신 뜻에 순종하여, 진정으로 자유케 하시는 그리스도의 온전한 율법인 성령을 좇아 행함으로 그분이 우리를 사랑하신 것 같이 서로 사랑해야 할 것이다.[75]

> 자유롭게 하는 온전한 율법을 들여다보고 있는 자는 듣고 잊어버리는 자가 아니요 실천하는 자니 이 사람은 그 행하는 일에 복을 받으리라 (약 1:25)

---

[73] 히 10:9-10 "그 후에 말씀하시기를 보시옵소서 내가 하나님의 뜻을 행하러 왔나이다 하셨으니 그 첫째 것을 폐하심은 둘째 것을 세우려 하심이라 이 뜻을 따라 예수 그리스도의 몸을 단번에 드리심으로 말미암아 우리가 거룩함을 얻었노라"

[74] 사 53:5 "그가 찔림은 우리의 허물 때문이요 그가 상함은 우리의 죄악 때문이라 그가 징계를 받으므로 우리는 평화를 누리고 그가 채찍에 맞으므로 우리는 나음을 받았도다"
마 20:28 "인자가 온 것은 섬김을 받으려 함이 아니라 도리어 섬기려 하고 자기 목숨을 많은 사람의 대속물로 주려 함이니라"
고전 13:13 "그런즉 믿음, 소망, 사랑, 이 세 가지는 항상 있을 것인데 그 중의 제일은 사랑이라"

[75] 요일 4:20-21 "누구든지 하나님을 사랑하노라 하고 그 형제를 미워하면 이는 거짓말하는 자니 보는 바 그 형제를 사랑하지 아니하는 자는 보지 못하는 바 하나님을 사랑할 수 없느니라 우리가 이 계명을 주께 받았나니 하나님을 사랑하는 자는 또한 그 형제를 사랑할지니라"

새 계명의 실천적 방법에 대해, 바울은 "육신을 따르지 않고 그 영을 따라 행하는 우리에게 율법의 요구가 이루어지게 하려 하심이니라"(롬 8:4)고 하였다. 또 "내가 율법으로 말미암아 율법에 대하여 죽었나니 이는 하나님에 대하여 살려 함이라"(갈 2:19)고 했듯이, 우리는 항상 자아를 죽이고 자기 안에 사시는 그리스도께 의지하며 성령을 좇아 살아가는 것이 생활화가 되도록 힘써야 하겠다.

2) 예수 그리스도의 속량

복음의 본질은, 그리스도의 속량贖良을 믿는 자들이 오직 은혜로 하나님의 의를 얻으며 더불어 새 생명으로 거듭나 영생하는 하나님의 나라에 이르는 것이라고 할 수 있다. 구약시대에 이스라엘 백성들이 광야에서 불뱀을 바라봄으로 나음을 입었던 것처럼, 예수께서 온 인류의 죄를 대신 짊어지고 죽으셨다 살아나심을 마음에 믿음으로 우리 영이 치유되고 하나님 나라와 그분의 의를 거저 얻어 약속의 구원에 이르는 것이다.

이러한 하나님의 구원 사역은 하루아침에 이루어진 것이 아니라, 이미 여러 선지자들을 통해 예언되어 왔었다.[76] 때가 이르러 자신의 아들을 이 세상에 보내사 십자가 위에서 형용할 수 없는 고통을 감내하며 인류의 대속을 위한 단번의 제사를 드리게 하시고, 오직 이를 믿는 자들에게 성령을 인치심으로 죄사함을 얻게 하여

---

76 시 110:3-4 "주의 권능의 날에 주의 백성이 거룩한 옷을 입고 즐거이 헌신하니 새벽 이슬 같은 주의 청년들이 주께 나오는도다 여호와는 맹세하고 변하지 아니하시리라 이르시기를 너는 멜기세덱의 서열을 따라 영원한 제사장이라 하셨도다"

우리의 구원을 완성하셨다.

이사야 선지자의 죄사함에 대한 예언

보옵소서 내게 큰 고통을 더하신 것은 내게 평안을 주려 하심이라 주께서 내 영혼을 사랑하사 멸망의 구덩이에서 건지셨고 내 모든 죄를 주의 등 뒤에 던지셨나이다 (사 38:17)

내가 네 허물을 빽빽한 구름 같이, 네 죄를 안개 같이 없이하였으니 너는 내게로 돌아오라 내가 너를 구속하였음이니라 (사 44:22)

단번의 제사로 이루신 그리스도의 속량

그는 저 대제사장들이 먼저 자기 죄를 위하고 다음에 백성의 죄를 위하여 날마다 제사드리는 것과 같이 할 필요가 없으니 이는 그가 단번에 자기를 드려 이루셨음이라 (히 7:27)

염소와 송아지의 피로 하지 아니하고 오직 자기의 피로 영원한 속죄를 이루사 단번에 성소에 들어가셨느니라 (히 9:12)

예수께서 신 포도주를 받으신 후에 이르시되 다 이루었다 하시고 머리를 숙이니 영혼이 떠나가시니라 (요 19:30)

따라서 우리는 예수께서 단번의 희생 제사로 이루사 우리의 죄를 속량하신 사실을 마음에 온전히 믿으며 입으로 시인하는 자들을 의롭게 여기시려는, 하나님의 거룩하신 뜻을 먼저 깨달아야 한다. 그래야 이를 믿는 모든 자들을 불경건할지라도 의롭게 여겨주시므로 우리가 의인의 반열에 올라 감히 하나님의 존전에 당당히 나아갈 수 있다는 확신 가운데 설 수 있다.

사람의 육신이 죽을 때 의인이 되는 것이 아니요, 예수께서 인류를 죄로부터 해방하고자 죽으셨다 부활하셨음을 깨달아 믿을 때 하나님 나라와 그분의 의를 거저 얻어 하늘에 앉힌 바 된다.[77] 죄인의 신분으로는 광명하신 하나님 앞에 절대 설 수 없지만, 이 땅에서부터 그리스도의 의를 힘입어 오직 은혜로 천국 시민권을 얻고[78] 의인으로서 소망 가운데 살아갈 수 있는 것이다.

> 네가 만일 네 입으로 예수를 주로 시인하며 또 하나님께서 그를 죽은 자 가운데서 살리신 것을 네 마음에 믿으면 구원을 받으리라 사람이 마음으로 믿어 의에 이르고 입으로 시인하여 구원에 이르느니라
> (롬 10:9-10)

> 예수는 우리가 범죄한 것 때문에 내줌이 되고 또한 우리를 의롭다 하시기 위하여 살아나셨느니라 (롬 4:25)

만일 그리스도의 구속救贖을 마음에 깨닫지 못하고 머리에 지식적으로만 이해하는 추상적 구원관이라면 바르지 못한 신앙이다. 그런 자들은 하나님의 의義를 모르고 자기의 의義로써 구원에 이르는 것처럼 혼동하기 쉽다. 또 오직 믿는 자들에게 그리스도의 의가 전가되었음에도 자신이 의인이 되었는지 아직도 죄인인지

---

[77] 엡 2:6 "또 함께 일으키사 그리스도 예수 안에서 함께 하늘에 앉히시니"
[78] 빌 3:20 "그러나 우리의 시민권은 하늘에 있는지라 거기로부터 구원하는 자 곧 주 예수 그리스도를 기다리노니"

를 구별이 안 되는 상태라면, 하나님의 은혜와 사랑을 마음에 온전히 깨닫지 못한 반쪽 믿음을 가진 자로서 구원에 대한 확신을 갖기 어려울 것이다.

> 하나님의 의를 모르고 자기 의를 세우려고 힘써 하나님의 의에 복종하지 아니하였느니라 (롬 10:3)

그래서 오직 그리스도의 구속을 믿음으로 영생에 이르는 복음을 온전히 깨닫고 구원의 확신을 얻을 수 있도록 이해를 돕고자, 우선 죄와 사망의 법을 중심으로 생명의 성령의 법과 더불어 살펴보기로 한다.(생명의 성령의 법은 V의 1. 편에서 좀 더 상세히 다루기로 한다.)

아담과 하와가 하나님께 불순종하여 선과 악을 아는 지식의 나무 열매를 따 먹음으로 인해 죄란 놈이 사람들 안에 들어와 살게 되었다.[79] 그래서 온 인류에 죄성으로 내재된 원죄,[80] 유대인들에게 죄를 깨닫도록 주신 율법,[81] 율법을 받지 않은 이방인들의 행위에 대한 증거가 되는 양심으로 알 수 있는 모든 악한 것들, 또 사람의 행위로 죄에서 벗어날 수 있다고 믿는 율법주의적 사고 등이

---

[79] 창 2:17 "선악을 알게 하는 나무의 열매는 먹지 말라 네가 먹는 날에는 반드시 죽으리라 하시니라"
롬 5:12 "그러므로 한 사람으로 말미암아 죄가 세상에 들어오고 죄로 말미암아 사망이 들어왔나니 이와 같이 모든 사람이 죄를 지었으므로 사망이 모든 사람에게 이르렀느니라"
롬 7:17 "이제는 그것을 행하는 자가 내가 아니요 내 속에 거하는 죄니라"

[80] 롬 3:9 "그러면 어떠하냐 우리는 나으냐 결코 아니라 유대인이나 헬라인이나 다 죄 아래에 있다고 우리가 이미 선언하였느니라"
롬 7:20 "만일 내가 원하지 아니하는 그것을 하면 이를 행하는 자는 내가 아니요 내 속에 거하는 죄니라"

[81] 롬 2:12 "무릇 율법 없이 범죄한 자는 또한 율법 없이 망하고 무릇 율법이 있고 범죄한 자는 율법으로 말미암아 심판을 받으리라"

죄를 일으킴으로써 사람을 사망에 이르게 한다.

이것들은 모두 하나님의 거룩하신 뜻에 따른 그리스도의 대속의 사랑을 알지 못하는 불신자들에게 적용되는 죄와 사망의 법에 속한다고 할 수 있다. 하지만 우리는 오직 하나님의 은혜로 그리스도의 속량을 깨달아 마음에 믿음으로써 죄와 사망의 길에서 벗어나 생명의 성령의 법에 따라 부족할지라도 하나님 나라와 그분의 의를 은혜로 얻어 거듭나 구원에 이른다.[82]

그리고 성령을 좇아 영생을 얻은 의인들은 생명의 부활에 참여하지만,[83] 하나님의 은혜와 사랑을 저버리고 믿지 않은 죄인들은 최후 심판의 부활 시에 죄와 사망의 법에 따라 영원한 형벌이 따르게 된다.

---

82 마 6:33 "그런즉 너희는 먼저 그의 나라와 그의 의를 구하라 그리하면 이 모든 것을 너희에게 더하시리라"
83 롬 1:17 "복음에는 하나님의 의가 나타나서 믿음으로 믿음에 이르게 하나니 기록된 바 오직 의인은 믿음으로 말미암아 살리라 함과 같으니라"
롬 6:5 "만일 우리가 그의 죽으심과 같은 모양으로 연합한 자가 되었으면 또한 그의 부활과 같은 모양으로 연합한 자도 되리라"

예수 그리스도의 전과 이후

그러므로 이제 그리스도 예수 안에 있는 자에게는 결코 정죄함이 없나니 이는 그리스도 예수 안에 있는 생명의 성령의 법이 죄와 사망의 법에서 너를 해방하였음이라 (롬 8:1-2)

죄와 사망의 법 (율법 이전)	† 생명의 성령의 법 (그리스도 이후)
○ 원죄(롬 7:18-25) · 선악과로 인해 내 안에 죄가 거함 ○ 율법상의 죄(롬 7:1-6) · 유대인들이 십계명, 십일조 등 율법을 범함으로 발생되는 죄 ○ 양심상의 죄(롬 2:15) · 사람의 행위의 증거가 되는 양심에 나타나는 죄 ○ 율법주의(롬 3:20) · 사람의 행위로 의에 이를 수 있다고 믿는 위선적 사고	○ 새 계명(서로 사랑하라, 요 13:34) · 하나님의 나라와 그분의 의를 구할 때 성령을 인치심(마 6:33, 7:11) · 그리스도의 속량을 믿는 자들 안에 성령이 계심(롬 8:9-11) · 새 언약에 따라 성령을 좇아 행함 (롬 8:12-14, 갈 5:16-18) · 성령 충만을 위해(행 4:8, 9:17, 13:52, 엡 5:18) 방언을 주심(행 2:4, 10:44-46, 고전 14:4) · 범죄 자백(요 13:10, 요일 1:8-9)과 회개

죄인(심판) → 은혜·믿음 → 의인(영생)

〔그림 Ⅳ-1〕

생명의 부활

보라 내가 너희에게 비밀을 말하노니 우리가 다 잠 잘 것이 아니요 마지막 나팔에 순식간에 홀연히 다 변화되리니 나팔 소리가 나매 죽은 자들이 썩지 아니할 것으로 다시 살아나고 우리도 변화되리라 이 썩을 것이 반드시 썩지 아니할 것을 입겠고 이 죽을 것이 죽지 아니함을 입으리로다 이 썩을 것이 썩지 아니함을 입고 이 죽을 것이 죽지 아니함을 입을 때에는 사망을 삼키고 이기리라고 기록된 말씀이 이루어지리라 사망아 너의 승리가 어디 있느냐 사망아 네가 쏘는 것이 어디 있느냐 사망이 쏘는 것은 죄요 죄의 권능은 율법이라 우리 주 예수 그리스도로 말미암아 우리에게 승리를 주시는 하나님께 감사하노니 그러므로 내 사랑하는 형제들아 견실하며 흔들리지 말고 항상 주의 일에 더욱 힘쓰는 자들이 되라 이는 너희 수고가 주 안에서 헛되지 않은 줄 앎이라

(고전 15:51-58)

하나님께서는 처음 유대인들에게 모세를 통해 죄를 깨닫도록 율법을 주셨지만 죄로 인해 결국 사망에 이를 수밖에 없었다. 그러므로 죄를 해결하기 위해 예수께서 단번의 제사를 드리고 사흘 만에 부활하심으로써 죄와 사망의 권세를 이기고 인류의 구원을 온전히 이루셨으며, 이는 곧 율법의 완성을 의미한다.[84] 따라서 그리스도의 부활은, 죽음을 이기고 새로운 생명과 영원한 삶을 얻는 우주적 사건으로서 우리의 구원의 시작과 더불어 죄로부터 구속의 완성을 뜻한다.

이렇듯 기독교의 핵심 교리인 생명의 부활은, 그리스도의 속

---

[84] 마 5:17 "내가 율법이나 선지자를 폐하러 온 줄로 생각하지 말라 폐하러 온 것이 아니요 완전하게 하려 함이라"

량을 믿는 자들에게 하나님의 의가 전가되고 그 보증으로서 성령이 마음에 인쳐짐으로써, 우리가 그리스도의 권능을 힘입어 죄와 사망 권세를 이기고 다시 살아나는 것이다.[85] 이 부활의 은혜는 그리스도의 대속의 사랑을 깨달아 믿는 성도들이 누리며, 아울러 인류에게 삶의 방향과 목표를 제시해 주며 결국 천국의 소망과 함께 승리를 안겨준다.[86]

부활의 순서에 대해서도 바울은 "아담 안에서 모든 사람이 죽은 것 같이 그리스도 안에서 모든 사람이 삶을 얻으리라 그러나 각각 자기 차례대로 되리니 먼저는 첫 열매인 그리스도요 다음에는 그가 강림하실 때에 그리스도에게 속한 자요"(고전 15:22-23)라고 하였다. 이처럼 생명의 성령의 법 안에서 생명의 부활, 곧 첫째 부활에 참여할 자들이 그리스도에 속해 먼저 살아나며 이 땅에 살아 남은 성도들과 함께 휴거되어 그분의 신부로서 공중 혼인 잔치에 들어가게 된다.[87]

---

[85] 골 2:14-15 "우리를 거스르고 불리하게 하는 법조문으로 쓴 증서를 지우시고 제하여 버리사 십자가에 못 박으시고 통치자들과 권세들을 무력화하여 드러내어 구경거리로 삼으시고 십자가로 그들을 이기셨느니라"
[86] 요 11:25-26 "예수께서 이르시되 나는 부활이요 생명이니 나를 믿는 자는 죽어도 살겠고 무릇 살아서 나를 믿는 자는 영원히 죽지 아니하리니 이것을 네가 믿느냐"
[87] 살전 4:16-17 "주께서 호령과 천사장의 소리와 하나님의 나팔 소리로 친히 하늘로부터 강림하시리니 그리스도 안에서 죽은 자들이 먼저 일어나고 그 후에 우리 살아 남은 자들도 그들과 함께 구름 속으로 끌어 올려 공중에서 주를 영접하게 하시리니 그리하여 우리가 항상 주와 함께 있으리라"

이 첫째 부활에 참여하는 자들은 복이 있고 거룩하도다 둘째 사망이 그들을 다스리는 권세가 없고 도리어 그들이 하나님과 그리스도의 제사장이 되어 천 년 동안 그리스도와 더불어 왕 노릇 하리라 (계 20:6)

이어 "그 후에는 마지막이니 그가 모든 통치와 모든 권세와 능력을 멸하시고 나라를 아버지 하나님께 바칠 때라"(고전 15:24)고 하였는 바, 생명책에 기록되지 않은 모든 자들은 천년왕국 후에 심판의 부활, 곧 둘째 부활 시에 죄와 사망의 법에 따라 흰 보좌의 심판을 받고 영벌로 불못에 던져질 것이다.

또 내가 크고 흰 보좌와 그 위에 앉으신 이를 보니 땅과 하늘이 그 앞에서 피하여 간 데 없더라 또 내가 보니 죽은 자들이 큰 자나 작은 자나 그 보좌 앞에 서 있는데 책들이 펴 있고 또 다른 책이 펴졌으니 곧 생명책이라 죽은 자들이 자기 행위를 따라 책들에 기록된 대로 심판을 받으니 바다가 그 가운데에서 죽은 자들을 내주고 또 사망과 음부도 그 가운데에서 죽은 자들을 내주매 각 사람이 자기의 행위대로 심판을 받고 사망과 음부도 불못에 던져지니 이것은 둘째 사망 곧 불못이라 누구든지 생명책에 기록되지 못한 자는 불못에 던져지더라 (계 20:11-15)

3) 성령의 인도

예레미야 선지자는 "여호와의 말씀이니라 보라 날이 이르리니 내가 이스라엘 집과 유다 집에 새 언약을 맺으리라 이 언약은 내가 그들의 조상들의 손을 잡고 애굽 땅에서 인도하여 내던 날에 맺은 것과 같지 아니할 것은 내가 그들의 남편이 되었어도 그들이 내 언약을 깨뜨렸음이라 여호와의 말씀이니라 그러나 그 날 후에 내가 이스라엘 집과 맺을 언약은 이러하니 곧 내가 나의 법을 그들의 속에 두며 그들의 마음에 기록하여 나는 그들의 하나님이 되고 그들은 내 백성이 될 것이라 여호와의 말씀이니라"(렘 31:31-33)고 예언한 바 있다.

이 새 언약에 따라 하나님께서는 율례, 곧 돌판에 새겨진 십계명 대신에 그리스도의 구속을 믿는 자들의 마음에 새 영이신 성령을 인치심으로 우리가 하나님 나라와 그분의 의를 거저 얻고 자신의 백성으로 살아갈 수 있도록 참된 복을 주셨다.

이때 죄로 가득한 인류를 살리시고자 믿는 성도들에게 그 증표로서 선물로 주신 하나님의 의는, 허접한 사람(자기)의 의와 비견이 안 되는 진실로 우주 가운데 최고의 명품이라고 할 수 있다. 이로써 우리가 하나님의 의를 항상 묵상하며 성령을 좇아 살아감으로 육체의 소욕을 이루지 않고 죄의 사슬에서 벗어나게 하신 것이다.[88]

구약시대에 율례, 곧 율법을 행함으로 받았던 복은, 신약시대는 그리스도의 단번의 제사로 인해 율법의 매임에서 해방됨으로써 그 패러다임이 완전히 바뀌었다. 이에 따라 우리 성도들은 오직 그리스도 안에서 신부된 자들로서 성령을 좇아 살아감으로 더 높아진 율법의 요구를 이루며 의와 평강과 희락의 참복을 누릴 수 있게 된 것이다.

88　히 12:1-2 "이러므로 우리에게 구름 같이 둘러싼 허다한 증인들이 있으니 모든 무거운 것과 얽매이기 쉬운 죄를 벗어 버리고 인내로써 우리 앞에 당한 경주를 하며 믿음의 주요 또 온전하게 하시는 이인 예수를 바라보자 그는 그 앞에 있는 기쁨을 위하여 십자가를 참으사 부끄러움을 개의치 아니하시더니 하나님 보좌 우편에 앉으셨느니라"

> 또 새 영을 너희 속에 두고 새 마음을 너희에게 주되 너희 육신에서 굳은 마음을 제거하고 부드러운 마음을 줄 것이며 또 내 영을 너희 속에 두어 너희로 내 율례를 행하게 하리니 너희가 내 규례를 지켜 행할지라
> (겔 36:26-27)

> 육신을 따르지 않고 그 영을 따라 행하는 우리에게 율법의 요구가 이루어지게 하심이니라 (롬 8:4)

이렇듯 하나님의 구원의 경륜에 따라 그리스도의 십자가 위에서 드린 단번의 제사가 기점이 되어 율법이 마침이 되고 오직 은혜로 생명의 성령의 법으로 전환되었다. 따라서 아직도 돌판에 새겨진 계명과 먹으로 쓰여진 율법 조문을 지킴으로써 의를 얻으려는 어리석은 자들은 결국 온 율법을 이행하지 못해 죄와 사망의 길을 걷게 된다.

하지만 오직 은혜로써 그리스도의 속량을 믿음으로 하나님의 의를 얻을 때 마음 판에 인쳐진 성령이 죄인들의 영을 살리시고, 이때 거듭난 성도들이 그리스도의 권능을 힘입어 성령을 좇아 행함으로 육체의 소욕을 이기도록 하셨다.

> 너희는 우리로 말미암아 나타난 그리스도의 편지니 이는 먹으로 쓴 것이 아니요 오직 살아 계신 하나님의 영으로 쓴 것이며 또 돌판에 쓴 것이 아니요 오직 육의 마음판에 쓴 것이라 우리가 그리스도로 말미암아 하나님을 향하여 이같은 확신이 있으니 우리가 무슨 일이든지 우리에게서 난 것 같이 스스로 만족할 것이 아니니 우리의 만족은 오직 하나님으로부터 나느니라 그가 또한 우리를 새 언약의 일꾼 되기에 만족하게 하셨으니 율법 조문으로 하지 아니하고 오직 영으로 함이니 율법 조문은 죽이는 것이요 영은 살리는 것이니라 (고후 3:3-6)

그가 내게 대답하여 이르되 여호와께서 스룹바벨에게 하신 말씀이 이러하니라 만군의 여호와께서 말씀하시되 이는 힘으로 되지 아니하며 능력으로 되지 아니하고 오직 나의 영으로 되느니라 (슥 4:6)

바울은 "내가 그리스도와 함께 십자가에 못 박혔나니 그런즉 이제는 내가 사는 것이 아니요 오직 내 안에 그리스도께서 사시는 것이라 이제 내가 육체 가운데 사는 것은 나를 사랑하사 나를 위하여 자기 자신을 버리신 하나님의 아들을 믿는 믿음 안에서 사는 것이라"(갈 2:20)고 하였는 바, 이는 "이에 예수께서 제자들에게 이르시되 누구든지 나를 따라오려거든 자기를 부인하고 자기 십자가를 지고 나를 따를 것이니라"(마 16:24)고 하신 말씀과 일맥상통한다.

즉, 우리가 세상을 살아가면서 온갖 욕망과 좋지 않은 감정들이 들 때 자아를 죽이고, 오직 자기 안에 사시는 그리스도의 권능을 믿고 의지함으로써 성령의 인도를 받아 이길 수 있게 되었다.[89] 그러므로 그리스도의 고난으로 인해 얻은 자유를 사탄에게 속아 육체의 기회로 삼지 말고, 세상 모든 일들에 항상 자기를 부인하고 내 안에 거하시는 그리스도만을 의지하며 성령이 가르치신 대로 행해야 할 것이다.[90]

내가 이르노니 너희는 성령을 따라 행하라 그리하면 육체의 욕심을 이루지 아니하리라 육체의 소욕은 성령을 거스르고 성령은 육체를 거스르나니 이 둘이 서로 대적함으로 너희가 원하는 것을 하지 못하게 하려

---

[89] 계 3:21-22 "이기는 그에게는 내가 내 보좌에 함께 앉게 하여 주기를 내가 이기고 아버지 보좌에 함께 앉은 것과 같이 하리라 귀 있는 자는 성령이 교회들에게 하시는 말씀을 들을지어다"

[90] 고전 15:31 "형제들아 내가 그리스도 예수 우리 주 안에서 가진 바 너희에 대한 나의 자랑을 두고 단언하노니 나는 날마다 죽노라"

함이니라 너희가 만일 성령의 인도하시는 바가 되면 율법 아래에 있지 아니하리라
(갈 5:16-18)

예수 그리스도의 속량을 믿을 때 우리 안에 인쳐진 성령의 거하심을 실제로 깨닫기 위해서는, 그분을 구주로 믿으며 의지하는 자들에게 모든 것을 가르쳐주고 인도하시는 성령과의 인격적 교제가 있어야 한다.[91] 이를 위해서는 성도들이 하나님 말씀에 대한 깊은 묵상과 더불어 성령 충만을 구하며 범사에 자아를 죽이고 그리스도를 의지하는 습관이 생활화되길 강권한다.

그러할 때 하나님께서 나와 함께 하심을 깨닫게 됨으로써 비로소 성령 안에서 그리스도와 동행함으로 참된 평강과 기쁨을 맛보게 된다. 그리고 하나님의 응답이 반복됨으로 신앙이 더욱 깊어짐에 따라, 온 인류를 위해 독생자 그리스도를 희생의 제물로 바치시고 우리의 친구가 되어주시는 실로 위대하며 망극하신 하나님의 아가페적 사랑을 더 충만하게 느낄 수 있을 것이다.

한편 '구원은 행위가 아닌 믿음으로 얻는다'는 것은, 사람의 행위로는 원죄와 율법을 이행하지 못한 죄와 양심이 증거가 되는 죄 등을 포함하는 모든 죄를 씻어낼 수 없다는 것을 함의한다. 그러므로 우리는 이른바 이신칭의, 곧 그리스도의 속량을 믿음으로 불경건할지라도 의롭다 칭함을 받으며 이로써 성령의 기름부음으로 하나님으로부터 깨끗함을 얻어 은혜의 구원에 이른다.

이때 사람의 행위 대신 그리스도를 구주로서 마음에 깨달아 믿음으로 의롭게 되어 구원에 이르는 것에 대해, 일부 기독교인들

---

[91] 계 3:20 "볼지어다 내가 문 밖에 서서 두드리노니 누구든지 내 음성을 듣고 문을 열면 내가 그에게로 들어가 그와 더불어 먹고 그는 나와 더불어 먹으리라"

이 곡해할 때를 가끔 본다. 그들은 종교성을 띤 지식적인 인식의 믿음만이 만능이 되어, 행함과는 전혀 관계없는 것처럼 오해하여 신앙인으로서 그리스도와 동행하는 삶을 경시하는 경향이 있다.

이에 대해 야고보는 행함이 없는 믿음이 죽은 믿음인 것을 분명히 가르치고 있다. 따라서 항상 자아를 죽이고 대신 자기 안에 사시는 그리스도를 의지하며 성령을 좇아 행할 때, 성령이 그의 행함과 더불어 일하고 행함으로 믿음이 더욱 온전해진다는 사실을 잊어서는 안 된다. 결국 구원받은 성도들의 모든 행실은 그리스도의 심판대에서 선악 간에 계수되어 그분이 왕으로서 재림하시는 천년왕국에서의 상급으로 이어질 것이다.

> 내 형제들아 만일 사람이 믿음이 있노라 하고 행함이 없으면 무슨 유익이 있으리요 그 믿음이 능히 자기를 구원하겠느냐 만일 형제나 자매가 헐벗고 일용할 양식이 없는데 너희 중에 누구든지 그에게 이르되 평안히 가라 덥게 하라 배부르게 하라 하며 그 몸에 쓸 것을 주지 아니하면 무슨 유익이 있으리요 이와 같이 행함이 없는 믿음은 그 자체가 죽은 것이라 (약 2:14-17)

> 이는 우리가 다 반드시 그리스도의 심판대 앞에 나타나게 되어 각각 선악간에 그 몸으로 행한 것을 따라 받으려 함이라 (고후 5:10)

결론적으로 우리가 부족할지라도 그리스도의 속량을 마음으로 믿어 구주로 영접할 때 은혜로 하나님의 자녀로서 거듭나 새 생명에 이른다. 이때 죄와 사망의 길인 옛 율법에서 벗어나고, 새 언약에 따라 그분을 믿고 의지하는 성도들을 성령이 친히 인도하심으로써 우리가 그리스도 안에서 자유와 평강과 지혜를 얻으며 하나님께서 함께하시는 참복을 누릴 수 있다고 하겠다.

2. 율법주의

1) 죄의 종노릇

바울이 "율법 안에서 의롭다 함을 얻으려 하는 너희는 그리스도에게서 끊어지고 은혜에서 떨어진 자로다"(갈 5:4)라고 한 것은, 율법이 기준이 될 때 사람의 행위로는 하나님 앞에 의롭다 함을 얻을 수 없다는 의미가 담겨있다. 사람이 율법 안에서 의를 이루고자 할 때, 오히려 죄가 계명을 타고 들어와 죄의 종을 삼음으로써 그는 죄인의 신분이 돼버리는 것이다.[92]

> 죄가 기회를 타서 계명으로 말미암아 나를 속이고 그것으로 나를 죽였는지라 (롬 7:11)

앞서 히브리서 7장을 통해, 레위 제사 체계에서 율법에 따라 십일조를 취했다는 사실이 명시되어 있는 것을 살펴보았다. 이처럼 구법인 율법에 속한 십일조를 지금도 바쳐야 올바른 신앙생활이라고 강조하며 복을 받을 수 있다고 주장하는 자들이 있다. 이는 오직 그리스도의 속량을 믿음으로 하나님의 의를 은혜로 얻는 신약시대에 하늘 아버지를 속이고 생명의 성령의 법을 거스르는 행

---

[92] 갈 4:8-9 "그러나 너희가 그 때에는 하나님을 알지 못하여 본질상 하나님이 아닌 자들에게 종 노릇 하였더니 이제는 너희가 하나님을 알 뿐 아니라 더욱이 하나님이 아신 바 되었거늘 어찌하여 다시 약하고 천박한 초등학문으로 돌아가서 다시 그들에게 종 노릇 하려 하느냐"
롬 7:8 "그러나 죄가 기회를 타서 계명으로 말미암아 내 속에서 온갖 탐심을 이루었나니 이는 율법이 없으면 죄가 죽은 것임이라"

태다.

따라서 그리스도의 십자가 사건 이후에는, 구약시대에 유대인들에게 죄를 깨닫도록 한시적으로 주셨던 율법의 산물인 십일조를 의무적으로 바쳐야 한다고 조장해서는 안 된다. 이는 성령을 속이는 것으로, 진리의 가면을 쓴 위선자처럼, 그리스도만을 믿고 의지함으로써 성령 안에서 의와 평강과 희락의 참복을 누리는 복음을 훼방하는 것이라고 할 수 있다.

오늘날 많은 한국 교회들은 고착화된 십일조 제도가 누룩이 되어 영안을 가리므로, 성도들이 그리스도의 진리에 바로 서지 못하고 율법을 타고 들어온 죄의 종노릇을 하고 있다. 그래서 교회들이 규모는 커가지만 올바른 복음 안에 머물지 못하고 시기와 분쟁과 율법주의가 난무하여 세상의 비웃음거리가 되는 실정에 이른 것으로 보인다.

> 어찌 내 말한 것이 떡에 관함이 아닌 줄을 깨닫지 못하느냐 오직 바리새인과 사두개인들의 누룩을 주의하라 하시니 그제서야 제자들이 떡의 누룩이 아니요 바리새인과 사두개인들의 교훈을 삼가라고 말씀하신 줄을 깨달으니라 (마 16:11-12)

오직 예수께서 단번의 희생 제사, 곧 온 인류를 위해 죽으시고 부활하심을 우리가 마음에 믿음으로 하나님 나라와 그분의 의를 거저 얻어 거듭나 구원에 이르는 것이 복음의 요체다. 반면 작금의 율법주의는 하나님의 의를 경시하고 십일조 준수 등 율법 행위로 자기의 의를 이루는 것처럼 오해하게 함으로써, 이를 따르는 자들은 결국 하나님의 거룩하신 뜻에 불순종하여 죄의 종노릇을 할 뿐이다.

내가 증언하노니 그들이 하나님께 열심이 있으나 올바른 지식을 따른 것이 아니니라 **하나님의 의**를 모르고 **자기 의**를 세우려고 힘써 하나님의 의에 복종하지 아니하였느니라 (롬 10:2-3)

율법주의자들은 안타깝게 예수께서 이미 율법을 완성하시고 그 마침이 되셨음에도 불구하고 율법적인 사람의 행위로 의를 세우려고 한다.[93] 그들은 하나님께서 그리스도의 단번의 제사를 통해 우리를 자유케 하신 생명의 성령의 법에 따라 율법의 멍에를 내려놓아야 한다. 온 인류의 영원한 속죄를 이루신 그리스도를 오직 믿음으로 바라볼 때 비로소 죄와 사망의 법에서 해방되어 하나님 나라와 그분의 의를 거저 얻고 성령 안에서 참평강을 누리게 될 것이다.

그런데 지금 너희가 어찌하여 하나님을 시험하여 우리 조상과 우리도 능히 메지 못하던 멍에를 제자들의 목에 두려느냐 그러나 우리는 그들이 우리와 동일하게 주 예수의 은혜로 구원 받는 줄을 믿노라 하니라 (행 15:10-11)

그러므로 내 형제들아 너희도 그리스도의 몸으로 말미암아 율법에 대하여 죽임을 당하였으니 이는 다른 이 곧 죽은 자 가운데서 살아나신 이에게 가서 우리가 하나님을 위하여 열매를 맺게 하려 함이라 우리가 육신에 있을 때에는 율법으로 말미암는 죄의 정욕이 우리 지체 중에 역사하여 우리로 사망을 위하여 열매를 맺게 하였더니 이제는 우리가 얽매였던 것에 대하여 죽었으므로 율법에서 벗어났으니 이러므로 우리가 영의 새로운 것으로 섬길 것이요 율법 조문의 묵은 것으로 아니할지니라 (롬 7:4-6)

---

[93] 행 15:5 "바리새파 중에 어떤 믿는 사람들이 일어나 말하되 이방인에게 할례를 행하고 모세의 율법을 지키라 명하는 것이 마땅하다 하니라"

야고보는 "그러므로 내 의견에는 이방인 중에서 하나님께로 돌아오는 자들을 괴롭게 하지 말고 다만 우상의 더러운 것과 음행과 목매어 죽인 것과 피를 멀리하라고 편지하는 것이 옳으니"(행 15:19-20)라고 하였다. 따라서 율법에 매여 죄의 종노릇하는 데서 벗어나, 그리스도와 동행하며 성령을 좇아 살아가는 것이야말로 지상에서도 성도들이 하나님의 품에서 자유와 평안함을 누릴 수 있는 올바른 길이라고 하겠다.

> 성령과 우리는 이 요긴한 것들 외에는 아무 짐도 너희에게 지우지 아니하는 것이 옳은 줄 알았노니 우상의 제물과 피와 목매어 죽인 것과 음행을 멀리할지니라 이에 스스로 삼가면 잘되리라 평안함을 원하노라 하였더라 (행 15:28-29)

2) 불법을 행하는 자들

온 인류의 구원을 향한 하나님의 숭고하신 뜻은, 자신의 아들이신 예수 그리스도의 구속을 깨달아 믿는 자들이 죄에서 벗어나 영생을 얻도록 하시는 데 있다.[94] 따라서 하늘 아버지의 뜻대로 행하는 자는, 오직 그리스도의 속량을 믿음으로써 하나님 나라와 그분의 의義를 거저 얻고 그분의 거룩하신 뜻에 합당한 자로서 '적법'한 자가 되어 예비하신 천국에 이른다.

하지만 신약시대에서의 율법주의는, 하나님의 뜻에 따라 하나님 나라와 그분의 의를 얻지 못하고 성령을 거스르므로 '불법'에

---

[94] 요 6:40 "내 아버지의 뜻은 아들을 보고 믿는 자마다 영생을 얻는 이것이니 마지막 날에 내가 이를 다시 살리리라 하시니라"

속하게 된다. 하나님의 경륜에 따라 예수께서 단번의 희생 제사를 드리고 부활하심으로 인류의 구원을 다 이루셨으나, 새 언약(그리스도의 복음)을 좇아 살지 않고 율법이라는 낡은 옛 법에 매인 자들은 하나님의 망극하신 사랑을 저버림으로 '불법을 행하는 자들'에 속하는 것이다.[95]

> 나더러 주여 주여 하는 자마다 다 천국에 들어갈 것이 아니요 다만 하늘에 계신 내 아버지의 뜻대로 행하는 자라야 들어가리라 그 날에 많은 사람이 나더러 이르되 주여 주여 우리가 주의 이름으로 선지자 노릇 하며 주의 이름으로 귀신을 쫓아 내며 주의 이름으로 많은 권능을 행하지 아니하였나이까 하리니 그 때에 내가 그들에게 밝히 말하되 내가 너희를 도무지 알지 못하니 <u>불법을 행하는 자들</u>아 내게서 떠나가라 하리라
> (마 7:21-23)

따라서 위의 밑줄 친 불법을 행하는 자들은, 예수께서 자신의 이름으로 선지자 노릇하고 귀신을 쫓아내며 많은 권능을 행할지라도 외면하시게 될, 율법주의자를 비롯한 거짓 선지자들로 보인다. 독생자이신 그리스도를 통해, 아가페적 사랑으로 십자가 위에서 찢어지는 극심한 고통 가운데 구원을 이루신 하나님의 거룩하신 뜻을 배반한 자들은, 불법의 길에서 속히 회개하고 적법한 길로

---

[95] 롬 6:17-19 "하나님께 감사하리로다 너희가 본래 죄의 종이더니 너희에게 전하여 준 바 교훈의 본을 마음으로 순종하여 죄로부터 해방되어 의에게 종이 되었느니라 너희 육신이 연약하므로 내가 사람의 예대로 말하노니 전에 너희가 너희 지체를 부정과 불법에 내주어 불법에 이른 것 같이 이제는 너희 지체를 의에게 종으로 내주어 거룩함에 이르라"
갈 2:18 "만일 내가 헐었던 것을 다시 세우면 내가 나를 범법한 자로 만드는 것이라"

돌아와야 할 것이다.[96]

바울도 "너희 육신이 연약하므로 내가 사람의 예대로 말하노니 전에 너희가 너희 지체를 부정과 불법에 내주어 불법에 이른 것 같이 이제는 너희 지체를 의에게 종으로 내주어 거룩함에 이르라"(롬 6:19)고 당부하였다. 여기서 불법에 이른 것은, 아직도 자아가 주인이 되어 죄인의 신분에서 벗어나지 못한 상태, 즉 그리스도의 속량을 믿지 않아 거룩하신 하나님의 종으로서 의에 이르지 못한 자들을 말한다.

또한 히브리서 기자는 "주께서 이르시되 그 날 후로는 그들과 맺을 언약이 이것이라 하시고 내 법을 그들의 마음에 두고 그들의 생각에 기록하리라 하신 후에 또 그들의 죄와 그들의 불법을 내가 다시 기억하지 아니하리라 하셨으니"(히 10:16-17)라고 하였다.

이렇듯 하나님에 대하여 적법한 자들은, 새 언약으로 이루신 생명의 성령의 법에 따라 그리스도의 영이신 성령이 믿는 자들의 심령에 거하시므로 죄의 굴레에서 해방되었다. 그러나 옛 계명인 율법에 매여 있어 하나님 앞에 불법을 행하는 자들은, 반석이신 그리스도의 대속의 진리에 따라 은혜로 주시는 하나님의 의義를 마음에 깨닫지 못하고 모래 위에 자기 의로써 집을 지으며 살아간다.[97]

---

[96] 히 10:7-10 "이에 내가 말하기를 하나님이여 보시옵소서 두루마리 책에 나를 가리켜 기록된 것과 같이 하나님의 뜻을 행하러 왔나이다 하셨느니라 위에 말씀하시기를 주께서는 제사와 예물과 번제와 속죄제는 원하지도 아니하고 기뻐하지도 아니하신다 하셨고 (이는 다 율법을 따라 드리는 것이라) 그 후에 말씀하시기를 보시옵소서 내가 하나님의 뜻을 행하러 왔나이다 하셨으니 그 첫째 것을 폐하심은 둘째 것을 세우려 하심이라 이 뜻을 따라 예수 그리스도의 몸을 단번에 드리심으로 말미암아 우리가 거룩함을 얻었노라"
[97] 마 13:41-42 "인자가 그 천사들을 보내리니 그들이 그 나라에서 모든 넘어지게 하는 것과 또 불법을 행하는 자들을 거두어 내어 풀무 불에 던져 넣으리니 거기서 울며 이를 갈게 되리라"

> 죄를 짓는 자마다 불법을 행하나니 죄는 불법이라 그가 우리 죄를 없애
> 려고 나타나신 것을 너희가 아나니 그에게는 죄가 없느니라
> (요일 3:4-5)

한편 하나님께서는 양을 잡아 그 피로 드린 아벨의 제사는 받으시고, 애써 가꾸고 노력한 농사의 수확물로 드린 가인의 제사는 받지 않으셨다. 이유가 무엇이었을까? 이 물음에 대하여, 우리는 하나님의 의를 거저 얻어 죄사함을 받고 거듭나 구원에 이르는 그리스도의 도道를 깨달은 자로서 확실히 답할 수 있어야 한다.

한마디로 가인은 땀 흘려 노력하여 얻은 수확물, 곧 '자기의 의'로서 드리므로 거룩하신 하나님의 뜻을 거스른 불법의 제사였다. 그러나 아벨은 피 흘림이 없은즉 죄사함이 없다는 '하나님의 의'에 대한 거룩하신 진리를 깨닫고, 이를 믿음으로 순종하여 거기에 적법한 제사를 드렸기 때문에 하나님 앞에 의인으로서 열납이 된 것이다.

> 그가 또 가인의 아우 아벨을 낳았는데 아벨은 양 치는 자였고 가인은 농
> 사하는 자였더라 세월이 지난 후에 가인은 땅의 소산으로 제물을 삼아
> 여호와께 드렸고 아벨은 자기도 양의 첫 새끼와 그 기름으로 드렸더니
> 여호와께서 아벨과 그의 제물은 받으셨으나 가인과 그의 제물은 받지
> 아니하신지라 가인이 몹시 분하여 안색이 변하니 (창 4:2-5)

그러므로 우리는 하나님 앞에 불법을 행하는 데서 벗어나 오직 그리스도의 속량을 믿음으로써 얻는 생명의 성령의 법을 좇아야 한다. 이것이 참된 자유요 진정한 복음일진대, 탐심에 눈이 멀어 아직도 죄와 사망의 길인 율법에 따른 십일조를 은연중에 강요함

으로, 행위로 율법이 완성되는 것처럼 조장하는 자들이 있어 안타깝기 그지없다.

> 제사 직분이 바꾸어졌은즉 율법도 반드시 바꾸어지리니 … 전에 있던 계명은 연약하고 무익하므로 폐하고 (율법은 아무 것도 온전하게 못할지라) 이에 더 좋은 소망이 생기니 이것으로 우리가 하나님께 가까이 가느니라 (히 7:12,18-19)

한국 교회의 율법주의적 교인들은 예수께서 인류를 위해 피 흘려 죽으신 것에 대해 지식적으로는 알고 있는 듯하다. 하지만 그들은 죄사함의 한계를 과거에 지은 죄에 국한함으로써, 향후 미래에 대한 불안감과 더불어 예수께서 다 이루신 죄사함의 은혜가 마음에 깊이 와닿지 않아서인지 구원의 확신이 부족하다. 그리고 자기가 앞으로 지을 죄는 자백하면 용서를 받는다는 식의 막연한 태도를 보인다.

만일 과거의 죄에 한하여 사함을 받는다고 전제한다면, 죄성을 지닌 연약한 육신으로 인해 지금 이후에 알게 모르게 계속 짓기 쉬운 무수한 잘못들은 어찌할 것인가? 그래서 우리는 예수께서 이미 전全 세대에 걸쳐 이 세상에 태어날 모든 사람들, 즉 온 인류의 모든 죄를 십자가 고난으로 대속하셨음을 확실히 깨달아야 한다.

인간은 살아가는 동안 자신도 미처 깨닫지 못하는 잘못들이 자백하지 못한 채로 남아있기 쉽다. 자백한 죄는 사함을 얻을지라도 2%(?) 부족한 인간이 온전히 죄사함을 얻지 못하고 조그만 죄라도 남아있다면, 광명하신 하나님의 광채 앞에 절대 대면하여 설 수 없을 것이다. 그래서 그들은 일말의 양심에 느껴지는 불안감으로 인해 다 이루신 죄사함의 은혜를 온전한 기쁨으로 누리지 못하는듯하다.

우리가 죄를 짓게 되면 자백함으로 깨끗함을 얻고,[98] 성령도 이를 원하시며 성령 충만으로 가는 길이기도 하다. 그렇지만 우리는 그리스도의 속량을 믿을 때 구원에 합당한 하나님의 의를 거저 얻음으로써 거듭나 온전한 죄사함에 이른다. 만일 구원을 얻었지만 자백하지 못한 죄가 자기에게 남아있다면, 그리스도의 심판대에서 선악 간에 계수되어 상급에 대한 불이익으로 이어질 것으로 보인다.

결론적으로 참된 복음은, 우리가 부족할지라도 온 인류의 과거와 현재 그리고 미래까지 포함한 모든 죄로부터 예수께서 속량하셨음을 머리로만이 아닌 마음에 믿어 입으로 시인할 때 얻어지는 은혜의 구원이다. 이처럼 위대하신 그리스도의 아가페적 사랑이 마음에 깨달아질 때 하나님께 대한 진정한 감사와 더불어 구원의 확신과 기쁨으로 충만해질 것이다.

이제 구원을 얻은 성도들은 자기를 부인하고 내 안에 거하시는 그리스도의 생명력과 권능을 힘입어 성령을 좇아 살아감으로써 육체의 소욕을 이기는 믿음의 선한 경주를 계속해야 한다. 선한 행위의 결실이 비록 이 세상에서 사는 동안 나타나지 않더라도 첫째 생명의 부활 후에 있게 될 그리스도의 심판대에서 계수되어 영광스러운 상급으로 이어져 천년왕국에서 그 보상이 반드시 따를 것이다.

그러나 영원히 거듭나지 못한 자들의 불법에 따른 악한 행위들

---

[98] 요일 1:9-10 "만일 우리가 우리 죄를 자백하면 그는 미쁘시고 의로우사 우리 죄를 사하시며 우리를 모든 불의에서 깨끗하게 하실 것이요 만일 우리가 범죄하지 아니하였다 하면 하나님을 거짓말하는 이로 만드는 것이니 또한 그의 말씀이 우리 속에 있지 아니하니라"

에 대한 최종 결과는 천년왕국 시대가 지나고 모든 불신자들이 일어나게 되는 둘째 사망의 부활 시에 흰 보좌의 심판에 따라 영원한 형벌로 불못에 던져지게 된다.

3) 새 포도주를 낡은 부대에 넣는 격

예수께서 "새 포도주를 낡은 가죽 부대에 넣는 자가 없나니 만일 그렇게 하면 새 포도주가 부대를 터뜨려 포도주와 부대를 버리게 되리라 오직 새 포도주는 새 부대에 넣느니라 …"(막 2:22)고 하셨다.

여기서 새 부대는 새 언약인 그리스도의 복음에 따라 신약시대에 적용될 생명의 성령의 법을 비유한다. 이에 따라 '성령'을 상징하는 새 포도주를, 구약시대의 죄와 사망의 길인 '율법'이라는 낡은 부대에 담으면, 하나님의 의를 이루시는 성령과 자기 의를 이루려는 율법이 충돌함으로 뒤섞여 양쪽 다 누룩처럼 버리게 되어 쓸모가 없어진다는 말씀이다.

> 새 포도주를 낡은 가죽 부대에 넣는 자가 없나니 만일 그렇게 하면 새 포도주가 부대를 터뜨려 포도주가 쏟아지고 부대도 못쓰게 되리라 새 포도주는 새 부대에 넣어야 할 것이니라　　　　　(눅 5:37-38)

그러므로 교회들은 예수께서 이르신 대로 새 포도주를 낡은 부대에 담는 어리석은 모든 행태에서 벗어나야 한다. 우리가 초등학문에 불과한 무익한 율법에 대해 붙잡지도 만지지도 말고[99] 새 부대에 오직 하나님께서 선물로 주신 성령이라는 새 포도주를 넣음으로써 목마를 때 이를 마시면서 살아가게 하시는 것이 하나님의 거룩하신 뜻이다.

따라서 신약시대에 교회들은, 영생의 길인 생명의 성령의 법에 따른 복음과 죄와 사망의 길인 율법에 속한 십일조 제도를 혼용하지 말아야 한다. 오히려 해악을 끼치는 지나간 옛 법의 굴레에서 벗어나, 그리스도의 새 계명에 순종함으로써 서로 사랑하며 성령을 좇아 살아갈 때 율법이 바라는 궁극의 목표인 의를 온전히 이루게 될 것이다.

> 내가 이르노니 너희는 성령을 따라 행하라 그리하면 육체의 욕심을 이루지 아니하리라 (갈 5:16)

나아가 예수께서 비유로 말씀하신 슬기로운 다섯 처녀처럼 우리는 기름, 곧 성령 충만한 상태를 항상 구함으로써 그리스도와 동행하는 삶을 살아갈 때 천국의 기쁨을 누리게 된다. 미련한 다섯 처녀처럼 기름 준비가 되어 있지 않다면,[100] 불법을 행하는 거짓된 믿음을 가진 위선자로서 자아가 주인이 되어 생명의 성령의 법을 거슬러 살아가므로 주님 곁을 떠나라고 말씀하신다.

---

[99] 골 2:20-23 "너희가 세상의 초등학문에서 그리스도와 함께 죽었거든 어찌하여 세상에 사는 것과 같이 규례에 순종하느냐 (곧 붙잡지도 말고 맛보지도 말고 만지지도 말라 하는 것이니 이 모든 것은 한때 쓰이고는 없어지리라) 사람의 명령과 가르침을 따르느냐 이런 것들은 자의적 숭배와 겸손과 몸을 괴롭게 하는 데는 지혜 있는 모양이나 오직 육체 따르는 것을 금하는 데는 조금도 유익이 없느니라"

[100] 살전 5:19 "성령을 소멸하지 말며"

따라서 주여 주여 하는 자마다 모두 천국에 들어갈 수 있는 것이 아니다. 전술한 대로, 하나님의 의를 힘입어 성령께 의지함으로 살아가는 자들이 하나님의 뜻대로 행하는 적법한 자로서, 예복을 입고 혼인잔치에 참여하며 천국에 들어갈 수 있다.[101] 비록 주님의 이름으로 예언을 하며 마귀를 쫓고 많은 기적을 행할지라도, 하나님의 의를 멀리하고 자기 의를 세우려고 불법과 거짓을 일삼는 자들은 결국 주님으로부터 외면을 당할 것이다.

강조하거니와 약 이천 년 전에 그리스도의 단번의 제사와 부활로 온 인류의 대속을 다 이루심으로써, 죄와 사망의 법이 주관하던 시기가 지나고 참자유의 생명의 성령의 법 시대가 도래하였다. 그래서 새 언약에 따른 신약시대에는, 율법 행위로 의로움을 얻고자 했던 옛 법의 낡은 부대에 성령, 곧 새 포도주를 부으면 둘 다 버리게 된다. 이는 성령과 율법이 양립하면 혼탁해져 피차 본래의 기능들을 잃고 효용성이 없어지기 때문이다.[102]

---

[101] 마 22:10-13 "종들이 길에 나가 악한 자나 선한 자나 만나는 대로 모두 데려오니 혼인 잔치에 손님들이 가득한지라 임금이 손님들을 보러 들어올새 거기서 예복을 입지 않은 한 사람을 보고 이르되 친구여 어찌하여 예복을 입지 않고 여기 들어왔느냐 하니 그가 아무 말도 못하거늘 임금이 사환들에게 말하되 그 손발을 묶어 바깥 어두운 데에 내던지라 거기서 슬피 울며 이를 갈게 되리라 하니라"
계 19:7-8 "우리가 즐거워하고 기뻐하며 그분께 존귀를 돌리자. 어린양의 혼인 잔치가 다가왔고 그분의 아내가 자신을 예비하였도다. 깨끗하고 흰, 고운 아마포 옷을 차려입는 것이 그녀에게 허락되었으니 그 고운 아마포는 성도들의 의니라, 하더라"(KJV 흠정역)

[102] 마 9:17 "새 포도주를 낡은 가죽 부대에 넣지 아니하나니 그렇게 하면 부대가 터져 포도주도 쏟아지고 부대도 버리게 됨이라 새 포도주는 새 부대에 넣어야 둘이 다 보전되느니라"

> 온 율법은 네 이웃 사랑하기를 네 자신 같이 하라 하신 한 말씀에서 이루어졌나니 만일 서로 물고 먹으면 피차 멸망할까 조심하라
>
> (갈 5:14-15)

그러므로 오늘날 교회들의 연보는, 율법이라는 낡은 틀에 매인 의무적인 십일조 대신 자원하여 마음에 정한 대로 수입에 따라 형편에 맞도록 인색하지 않게 기꺼이 드리는 것이 성경적이다. 아울러 우리는 오직 그리스도의 피로 자유케 하신 하나님을 경외하고 그분의 사랑과 은혜에 진심으로 감사하며, 성령 안에서 내 이웃을 나 자신같이 사랑함으로써 하나님을 기쁘시게 하도록 힘써야 한다.

온 우주에 편만하신 하나님께서 우리의 모든 것을 아시므로 우리가 그리스도 앞에서 결산을 받을 때, 율법적 원리가 아닌 새 언약에 따라 서로 사랑하라는 그리스도의 율법이 적용되어 적게 심은 자는 적게 거두고 많이 심은 자는 많이 거두게 될 것이다.[103]

---

[103] 고후 5:10 "이는 우리가 다 반드시 그리스도의 심판대 앞에 나타나게 되어 각각 선악간에 그 몸으로 행한 것을 따라 받으려 함이라"
고후 9:5-7 "그러므로 내가 이 형제들로 먼저 너희에게 가서 너희가 전에 약속한 연보를 미리 준비하게 하도록 권면하는 것이 필요한 줄 생각하였노니 이렇게 준비하여야 참 연보답고 억지가 아니니라 이것이 곧 적게 심는 자는 적게 거두고 많이 심는 자는 많이 거둔다 하는 말이로다 각각 그 마음에 정한 대로 할 것이요 인색함으로나 억지로 하지 말지니 하나님은 즐겨 내는 자를 사랑하시느니라"

3. 믿음의 점진적 단계

우리가 하나님의 살아계심을 인식하고부터 장성한 그리스도인으로 성장하기까지의 점진적 과정들을 네 단계로 나누어 성경을 중심으로 살펴본다. 즉, 아래와 같이, 야고보가 말한 인식 차원과 사도 요한이 강조한 신앙인들의 믿음이 성장함에 따라 나타나는 자녀, 청년, 아비로 비유되는 현상들이다.

> 네가 하나님은 한 분이신 줄을 믿느냐 잘하는도다 귀신들도 믿고 떠느니라 (약 2:19)

> 자녀들아 내가 너희에게 쓰는 것은 너희 죄가 그의 이름으로 말미암아 사함을 받았음이요 아비들아 내가 너희에게 쓰는 것은 너희가 태초부터 계신 이를 알았음이요 청년들아 내가 너희에게 쓰는 것은 너희가 악한 자를 이기었음이라 (요일 2:12-13)

단계별 경계들이 중첩되어 명확히 분리하여 설명하기 어려운 측면이 있지만, 성도들이 각자 성장해 가는 신앙생활을 점검해 볼 수 있도록 그 주요 특징들을 정리해 본다.

1) 인식의 단계

야고보는 하나님이 살아 계신다는 사실을 마귀들도 알고 떤다고 말한다. 이처럼 예수 그리스도에 대한 믿음이 나타나는 과정들의 맨 처음에, 하나님이 살아계시고 모든 주권을 가지셨음을 은연중 사람의 양심에서 '인식'하는 단계가 존재한다.[104]

바울이 율법 없는 이방인이 본성으로 율법의 일을 행할 때 양심이 증거가 된다고 말한 것도, 누구나 양심을 통해 하나님을 인식하고 있다는 것을 함의한다. 또 그가 디모데에게 보낸 서신서에 외식함으로 거짓말하는 자들은 양심이 화인 맞은 자들이라고도 하였다.[105]

> (율법 없는 이방인이 본성으로 율법의 일을 행할 때에는 이 사람은 율법이 없어도 자기가 자기에게 율법이 되나니 이런 이들은 그 양심이 증거가 되어 그 생각들이 서로 혹은 고발하며 혹은 변명하여 그 마음에 새긴 율법의 행위를 나타내느니라) 곧 나의 복음에 이른 바와 같이 하나님이 예수 그리스도로 말미암아 사람들의 은밀한 것을 심판하시는 그 날이라 (롬 2:14-16)

이렇듯 사람은 누구든지 하나님이 살아 계신다는 사실을 자기도 모르게 양심이 의식하고 있는 것이요, 부인하는 자는 양심을 속이는 자다. 본래 인간은 창조주 하나님의 존재 사실을 항상 인식하고 있지만, 이를 부인하는 자들은 그들 안에 거하는 죄성으로 인해 양심이 더럽혀지고 무뎌져 자기 양심을 속이고 있는 것이다.

---

104 롬 1:18-20 "하나님의 진노가 불의로 진리를 막는 사람들의 모든 경건하지 않음과 불의에 대하여 하늘로부터 나타나나니 이는 하나님을 알 만한 것이 그들 속에 보임이라 하나님께서 이를 그들에게 보이셨느니라 창세로부터 그의 보이지 아니하는 것들 곧 그의 영원하신 능력과 신성이 그가 만드신 만물에 분명히 보여 알려졌나니 그러므로 그들이 핑계하지 못할지니라"
105 딤전 4:2 "자기 양심이 화인을 맞아서 외식함으로 거짓말하는 자들이라"

2) 아이의 단계

그리스도에 대한 믿음의 두 번째 과정은 하나님의 은혜의 구원을 깨닫는 '아이'의 단계다. 사람은 누구든지 예수께서 온 인류의 죄사함을 위해 죽으시고 부활하심을 마음에 믿을 때 거듭나 하나님의 의가 전가되어 그분의 자녀로서 구원을 얻게 된다.[106] 즉, 불경건할지라도 그리스도의 속량을 믿음으로써 의롭다 칭함을 얻는, '이신칭의以信稱義 또는 이신득의以信得救'의 도道를 깨달아 구원에 이르는 과정이다.

이처럼 하나님의 의를 거저 얻어 의롭다 여김을 받는다는 사실은, 율법의 궁극의 목표인 '하나님 나라와 그분의 의'가 오직 그리스도의 구속을 믿음으로 완성되는 것을 의미한다. 따라서 혹여 자기를 여전히 죄인으로서 하나님 앞에 설 수 없는 존재로 여기고 있다면, 아직 그리스도의 복음을 온전히 믿지 못하므로 거듭나지 않았다는 증거일 수도 있다.

> 사람이 의롭게 되는 것은 율법의 행위로 말미암음이 아니요 오직 예수 그리스도를 믿음으로 말미암는 줄 알므로 우리도 그리스도 예수를 믿나니 이는 우리가 율법의 행위로써가 아니고 그리스도를 믿음으로써 의롭다 함을 얻으려 함이라 율법의 행위로써는 의롭다 함을 얻을 육체가 없느니라 (갈 2:16)

본래 예수께서 초림하신 목적은 온 인류를 죄로부터 구원하고

---

[106] 요 1:10-12 "그가 세상에 계셨으며 세상은 그로 말미암아 지은 바 되었으되 세상이 그를 알지 못하였고 자기 땅에 오매 자기 백성이 영접하지 아니하였으나 영접하는 자 곧 그 이름을 믿는 자들에게는 하나님의 자녀가 되는 권세를 주셨으니"

자 구세주로 오셔서 임마누엘, 곧 성령으로 함께 하시기 위함이었다. 그리고 스가랴 선지자의 예언과 사도 요한이 받은 계시에 등장하는 '일곱 눈'은 이 땅에 보내심을 받아 우리의 모든 것들을 보살피고 가르치시는 보혜사 성령을 상징한다.[107]

때가 이르매 하나님께서는 하루 만에 땅의 죄악을 제거하고자 독생자 예수 그리스도를 이 땅에 희생 제물로 보내사 단번의 제사와 부활을 통해, 이를 깨달아 믿는 자들의 구원을 이루시고 그 증표로 성령(일곱 눈)을 보내셨다. 그리고 우리가 구원을 얻었지만 육신이 연약하여 죄를 지을 때 자백하면, 중재자이신 그리스도로 인하여 용서하시고 모든 불의에서 깨끗함을 얻게 되는 것이다.[108]

앞서 '아이'로서 하나님의 자녀가 되는 과정에서 얻게 되는 **거듭남, 죄사함, 하나님의 의, 은혜의 구원** 등은 어휘만 다를 뿐 거의 동의어라고 할 수 있다. 따라서 처음 신자들이 이에 대해 바르게 이해함으로써 구원의 확신을 가질 수 있도록 각각 그 개념들을 성경적 근거들과 더불어 좀 더 살펴보기로 한다.

---

[107] 슥 4:10 "작은 일의 날이라고 멸시하는 자가 누구냐 사람들이 스룹바벨의 손에 다림줄이 있음을 보고 기뻐하리라 이 일곱은 온 세상에 두루 다니는 여호와의 눈이라 하니라"
계 5:6 "내가 또 보니 보좌와 네 생물과 장로들 사이에 한 어린 양이 서 있는데 일찍이 죽임을 당한 것 같더라 그에게 일곱 뿔과 일곱 눈이 있으니 이 눈들은 온 땅에 보내심을 받은 하나님의 일곱 영이더라"

[108] 요일 1:9 "만일 우리가 우리 죄를 자백하면 그는 미쁘시고 의로우사 우리 죄를 사하시며 우리를 모든 불의에서 깨끗하게 하실 것이요"
요일 2:1 "나의 자녀들아 내가 이것을 너희에게 씀은 너희로 죄를 범하지 않게 하려 함이라 만일 누가 죄를 범하여도 아버지 앞에서 우리에게 대언자가 있으니 곧 의로우신 예수 그리스도시라"

(거듭남)

거듭남이란 아담의 불순종으로 인해 죄가 사람의 몸에 들어와 거함으로 죽어있던 그의 영이, 오직 하나님의 은혜로 그리스도의 구속을 믿을 때 영적으로 다시 태어나 죄인의 신분에서 의인의 신분으로 변화되는 것을 말한다. 다시 말해 사람이 모태에서 육적으로 태어났다면, 복음을 듣고 믿으므로 심령에 하나님의 영이신 성령이 인쳐질 때 그가 새 생명을 얻어 중생重生, regeneration하게 되는 것이다.

> 우리 주 예수 그리스도의 아버지 하나님을 찬송하리로다 그의 많으신 긍휼대로 예수 그리스도를 죽은 자 가운데서 부활하게 하심으로 말미암아 우리를 거듭나게 하사 산 소망이 있게 하시며　　　　(벧전 1:3)
>
> 예수께서 대답하여 이르시되 진실로 진실로 네게 이르노니 사람이 거듭나지 아니하면 하나님의 나라를 볼 수 없느니라　　　　(요 3:3)
>
> 복음에는 하나님의 의가 나타나서 믿음으로 믿음에 이르게 하나니 기록된 바 오직 의인은 믿음으로 말미암아 살리라 함과 같으니라
> 　　　　(롬 1:17)

(죄사함)

B.C. 7~8세기경 이사야 선지자는, 하나님께서 인류를 멸망의 구덩이에서 건지시고자 주님의 등 뒤에 모든(과거, 현재, 미래) 죄를 던져버리고 그 죄를 도말하여 기억하지 않으시리라고 예언한 바 있다. 이후 B.C. 4년경 독생자 예수께서 십자가 위에서 단번에 자기를 대속물로 드림으로 온 인류의 죄사함을 이루셨다. 그리고 그리

스도의 은혜를 깨달아 믿는 모든 자들이 성령을 받고 하나님 나라와 그분의 의를 거저 얻음으로써 그의 예언이 성취되었다.

> 보옵소서 내게 큰 고통을 더하신 것은 내게 평안을 주려 하심이라 주께서 내 영혼을 사랑하사 멸망의 구덩이에서 건지셨고 내 모든 죄를 주의 등 뒤에 던지셨나이다 (사 38:17)
>
> 나 곧 나는 나를 위하여 네 허물을 도말하는 자니 네 죄를 기억하지 아니하리라 (사 43:25)

(하나님의 의)

바울은 "하나님이 죄를 알지도 못하신 이를 우리를 대신하여 죄로 삼으신 것은 우리로 하여금 그 안에서 하나님의 의가 되게 하려 하심이라"(고후 5:21)고 하였다. 이렇듯 우리에게 하나님의 의가 절대 필요해진 이유는, 처음 에덴동산에서 아담과 하와가 하나님께서 금하신 선악을 알게 하는 나무의 과실을 따 먹음으로써 죄가 그들 안에 들어가 하나님 앞에 모든 인류가 죽게 되었기 때문이다.

따라서 부득이 독생자이신 그리스도의 구속에 대한 믿음을 통해 하나님의 의를 부여하신 것은, 하나님의 경이로우신 아가페적 사랑으로 인해 인류의 죄를 대속하심으로써 사람과의 관계를 회복하시기 위한 특별조치법이라 할 수 있겠다.

> 그러므로 율법의 행위로 그의 앞에 의롭다 하심을 얻을 육체가 없나니 율법으로는 죄를 깨달음이니라 이제는 율법 외에 하나님의 한 의가 나타났으니 율법과 선지자들에게 증거를 받은 것이라 곧 예수 그리스도

를 믿음으로 말미암아 모든 믿는 자에게 미치는 하나님의 의니 차별이
없느니라 (롬 3:20-22)

그리스도 예수 안에 있는 속량으로 말미암아 하나님의 은혜로 값 없이
의롭다 하심을 얻은 자 되었느니라 (롬 3:24)

(은혜의 구원)

모세가 이스라엘 민족을 데리고 출애굽할 때 광야에서 놋뱀을 만들어 장대 위에 매다니 뱀에 물린 자들이 그것을 바라봄으로 나음을 입었다. 이처럼 예수께서 온 인류의 죄를 대속하시기 위해 십자가 위에 달려 죽으사 부활하신 일을 우리가 깨닫고 믿음으로 바라볼 때 영혼이 치유를 얻고 은혜의 구원을 얻게 된다.[109]

그래서 새 생명을 얻어 거듭난 하나님의 자녀들로서 그리스도

---

109 벧전 2:24-25 "친히 나무에 달려 그 몸으로 우리 죄를 담당하셨으니 이는 우리로 죄에 대하여 죽고 의에 대하여 살게 하려 하심이라 그가 채찍에 맞음으로 너희는 나음을 얻었나니 너희가 전에는 양과 같이 길을 잃었더니 이제는 너희 영혼의 목자와 감독 되신 이에게 돌아왔느니라"
롬 5:8-10 "우리가 아직 죄인 되었을 때에 그리스도께서 우리를 위하여 죽으심으로 하나님께서 우리에 대한 자기의 사랑을 확증하셨느니라 그러면 이제 우리가 그의 피로 말미암아 의롭다 하심을 받았으니 더욱 그로 말미암아 진노하심에서 구원을 받을 것이니 곧 우리가 원수 되었을 때에 그의 아들의 죽으심으로 말미암아 하나님과 화목하게 되었은즉 화목하게 된 자로서는 더욱 그의 살아나심으로 말미암아 구원을 받을 것이니라"
롬 4:3-8 "성경이 무엇을 말하느냐 아브라함이 하나님을 믿으매 그것이 그에게 의로 여겨진 바 되었느니라 일하는 자에게는 그 삯이 은혜로 여겨지지 아니하고 보수로 여겨지거니와 일을 아니할지라도 경건하지 아니한 자를 의롭다 하시는 이를 믿는 자에게는 그의 믿음을 의로 여기시나니 일한 것이 없이 하나님께 의로 여기심을 받는 사람의 복에 대하여 다윗이 말한 바 불법이 사함을 받고 죄가 가리어짐을 받는 사람들은 복이 있고 주께서 그 죄를 인정하지 아니하실 사람은 복이 있도다 함과 같으니라"

의 구속에 대한 믿음을 끝까지 배반하지 않은 자들의 영혼이 영생을 얻어 육신의 장막을 떠날 때 하나님 아버지의 품에 안긴다.

> 여호와께서 모세에게 이르시되 불뱀을 만들어 장대 위에 매달아라 물린 자마다 그것을 보면 살리라 모세가 놋뱀을 만들어 장대 위에 다니 뱀에게 물린 자가 놋뱀을 쳐다본즉 모두 살더라 (민 21:8-9)
>
> 모세가 광야에서 뱀을 든 것 같이 인자도 들려야 하리니 이는 그를 믿는 자마다 영생을 얻게 하려 하심이니라 (요 3:14-15)
>
> 아들을 낳으리니 이름을 예수라 하라 이는 그가 자기 백성을 그들의 죄에서 구원할 자이심이라 하니라 (마 1:21)

3) 청년의 단계

침례가 죄에 대하여 죽고 의에 대하여 살게 되는 구원의 모형이듯이,[110] 예수께서 온 인류의 죄를 대신하여 죽고 다시 살아나심으로써 우리가 나음을 입어 영생의 길에 들어서는 은총을 입었다.(다음의 침례와 세례의 차이 설명 참고) 즉, 예수께서 첫째 것(죄와 사망의 법)을 폐하고 둘째 것(생명의 성령의 법)을 세우시고자 자신의 몸을 대속물로 드리고 부활하셨음을 깨달아 믿는 자들이 성령을 받음으로 영원한 구원을 얻었다.

또한 그리스도의 고귀하며 거룩하신 사랑을 깨닫고 항상 태초

---

[110] 벧전 3:21 "그 일과 동일한 모형 곧 침례가 예수 그리스도의 부활로 말미암아 이제 또한 우리를 구원하나니 (이것은 육체의 더러운 것을 제거하는 것이 아니요, 선한 양심이 [하나님]을 향하여 응답하는 것이니라.)"(KJV 흠정역)

부터 계신 하나님의 말씀이 마음속에 거하시므로 성령을 힘입어 자아를 죽이고 세상을 이길 수 있게 되었다.[111] 아이가 자라매 그리스도의 속량에 대한 믿음이 더욱 굳세어져 죄와 사망의 길(율법)에서 해방되어 세상, 곧 사탄(죄)을 이기고 참자유를 얻은 하나님의 자녀들로서 세 번째 단계인 '청년'의 과정에 이르는 것이다.[112]

> 너희가 세례로 그리스도와 함께 장사되고 또 죽은 자들 가운데서 그를 일으키신 하나님의 역사를 믿음으로 말미암아 그 안에서 함께 일으키심을 받았느니라 또 범죄와 육체의 무할례로 죽었던 너희를 하나님이 그와 함께 살리시고 우리의 모든 죄를 사하시고 우리를 거스르고 불리하게 하는 법조문으로 쓴 증서를 지우시고 제하여 버리사 십자가에 못 박으시고 통치자들과 권세들을 무력화하여 드러내어 구경거리로 삼으시고 십자가로 그들을 이기셨느니라   (골 2:12-15)

바울은 "우리가 육신에 있을 때에는 율법으로 말미암는 죄의 정욕이 우리 지체 중에 역사하여 우리로 사망을 위하여 열매를 맺게 하였더니 이제는 우리가 얽매였던 것에 대하여 죽었으므로 율법에서 벗어났으니 이러므로 우리가 영의 새로운 것으로 섬길 것이요 율법 조문의 묵은 것으로 아니할지니라"(롬 7:5-6)고 하였다.

이처럼 죄와 사망의 길인 율법 조문의 묵은 것에서 벗어날 때,

---

[111] 요일 2:14 "아이들아 내가 너희에게 쓴 것은 너희가 아버지를 알았음이요 아비들아 내가 너희에게 쓴 것은 너희가 태초부터 계신 이를 알았음이요 청년들아 내가 너희에게 쓴 것은 너희가 강하고 하나님의 말씀이 너희 안에 거하시며 너희가 흉악한 자를 이기었음이라"

[112] 히 10:16-18 "주께서 이르시되 그 날 후로는 그들과 맺을 언약이 이것이라 하시고 내 법을 그들의 마음에 두고 그들의 생각에 기록하리라 하신 후에 또 그들의 죄와 그들의 불법을 내가 다시 기억하지 아니하리라 하셨으니 이것들을 사하셨은즉 다시 죄를 위하여 제사 드릴 것이 없느니라"

그리스도의 속량에 대한 믿음으로 새로워진 생명의 성령의 법에 따라 궁극적으로 율법이 원하는 바를 이루게 된다.[113] 그러므로 율법에서 해방된 청년에 속한 성도들이 그리스도 안에서 성령을 좇아 행함으로써 저 사악한 자를 이기고 더 높아진 율법의 요구를 이루며, 아울러 하나님께 참소하는 사탄은 구경거리가 되고 말 것이다.

침례浸禮와 세례洗禮의 차이

사람은 부족하지만 오직 그리스도의 속량을 마음에 깨달아 믿을 때 그리스도의 의義가 전가되어 은혜의 구원을 얻는다. 이에 대한 표로써 침례baptism 의식 가운데 사람의 몸이 물에 잠겼다 일어나는 것은, 죄에 대해서 죽고 하나님에 대하여 살아나는 구원의 모형을 나타낸다. 즉, 사람의 육신에서 더러운 것을 제거함으로써 깨끗해지는 것이 아니라, 예수께서 우리의 죄를 대속하고자 죽으셨다 부활하신 것을 믿으므로 거저 얻는 구원의 본질적 이미지를 형상화한 것이다.[114]

---

113 고후 3:6 "그가 또한 우리를 새 언약의 일꾼 되기에 만족하게 하셨으니 율법 조문으로 하지 아니하고 오직 영으로 함이니 율법 조문은 죽이는 것이요 영은 살리는 것이니라"

114 벧전 3:21 "물은 예수 그리스도께서 부활하심으로 말미암아 이제 너희를 구원하는 표니 곧 세례라 이는 육체의 더러운 것을 제하여 버림이 아니요 하나님을 향한 선한 양심의 간구니라 그 일과 동일한 모형 곧 침례가 예수 그리스도의 부활로 말미암아 이제 또한 우리를 구원하나니 (이것은 육체의 더러운 것을 제거하는 것이 아니요, 선한 양심이 [하나님]을 향하여 응답하는 것이니라.)"(KJV 흠정역)

벧전 3:21 "침례는, 이제 여러분을 구원하는 모형으로서 육신의 더러운 것을 제하지만 세례는 물을 몸에 뿌림으로써, 죄가 온전히 씻겨져 자기가 구원에 이르는 것처럼 착각을 가져와 그리스도를 구주로 믿은 지 얼마 지나지 않은 신자들의 구원관에 혼란을 불러일으킬 수 있다. 따라서 더러는 세례를 받고 얼마 안 되어 다시 죄 가운데 있어 하나님 앞에 설 수 없음을 깨닫고 구원의 확신을 갖지 못하는 자신을 발견할 수 있을 것이다. 이는 세례의식이 가톨릭교회와 개신교회들에 약식이라는 미명으로 오역되어 들어온 침례의 변질된 행태로서, 비성경적이며 구원관에 대한 본질상 개념을 흐리고 있기 때문이다.

그러므로 교회들은 노약자 등 불가피한 경우 침례의 본질에 대해 잘 설명한 후에 세례 형식을 취하더라도, 본래 예수께서 물 가운데서 침례 요한에게 받았던 구원의 모형이 담긴 초대교회의 성경적인 침례 의식으로 되돌아갈 때, 신자들이 올바른 구원관을 갖는 데 더 도움이 될 것으로 보인다.

4) 아비의 단계

예수께서 "내가 주는 물을 마시는 자는 영원히 목마르지 아니하리니 내가 주는 물은 그 속에서 영생하도록 솟아나는 샘물이 되리라"(요 4:14)고 하셨다. 여기서 영생하도록 솟아나는 샘물은 보혜사 성령을 상징하는 바, 예수께서 성도들이 목마를 때 생수처럼 성령을 통해 영원히 갈증을 해소해 주며 또 언제나 고아와 같이 내버

거하는 것이 아니라 하나님을 향한 선한 양심의 호소이며 예수아 마쉬아흐의 부활을 통하여 이루어지는 것입니다."(히브리어·헬라어 직역성경)

려두지 않고 모든 것을 가르쳐주고 인도해 주신다.

따라서 마지막 '아비' 단계에 속한 성도들은, 오직 자기 안에 거하시는 그리스도만을 믿고 의지하며 성령을 좇아 살아간다. 더불어 항상 믿음에 덕을, 덕에 지식을, 지식에 절제를, 절제에 인내를, 인내에 경건을, 경건에 형제 우애를, 형제 우애에 사랑을 더하여 행하고자 항상 성령 충만을 구한다.[115]

그리고 이들은 태초부터 계신 독생자이신 예수 그리스도를 잘 알며, 하나님을 사랑하고 네 이웃을 사랑하라는 새 계명에 따라 언제나 진리 가운데 살아간다. 또한 그리스도에 대한 믿음이 행함과 함께 일하는 자들로서 성령 안에서 의와 평강과 희락의 하나님 나라를 기쁨으로 누린다.[116]

---

[115] 벧후 1:5-11 "그러므로 너희가 더욱 힘써 너희 믿음에 덕을, 덕에 지식을, 지식에 절제를, 절제에 인내를, 인내에 경건을, 경건에 형제 우애를, 형제 우애에 사랑을 더하라 이런 것이 너희에게 있어 흡족한즉 너희로 우리 주 예수 그리스도를 알기에 게으르지 않고 열매 없는 자가 되지 않게 하려니와 이런 것이 없는 자는 맹인이라 멀리 보지 못하고 그의 옛 죄가 깨끗하게 된 것을 잊었느니라 그러므로 형제들아 더욱 힘써 너희 부르심과 택하심을 굳게 하라 너희가 이것을 행한즉 언제든지 실족하지 아니하리라 이같이 하면 우리 주 곧 구주 예수 그리스도의 영원한 나라에 들어감을 넉넉히 너희에게 주시리라"

[116] 롬 8:15-17 "너희는 다시 무서워하는 종의 영을 받지 아니하고 양자의 영을 받았으므로 우리가 아빠 아버지라고 부르짖느니라 성령이 친히 우리의 영과 더불어 우리가 하나님의 자녀인 것을 증언하시나니 자녀이면 또한 상속자 곧 하나님의 상속자요 그리스도와 함께 한 상속자니 우리가 그와 함께 영광을 받기 위하여 고난도 함께 받아야 할 것이니라"
갈 4:6-7 "너희가 아들이므로 하나님이 그 아들의 영을 우리 마음 가운데 보내사 아빠 아버지라 부르게 하셨느니라 그러므로 네가 이 후로는 종이 아니요 아들이니 아들이면 하나님으로 말미암아 유업을 받을 자니라"

이렇듯 아비들은 갈대처럼 흔들리지 않은 순전함으로 그리스도의 모든 능력을 신뢰하며 순종하는 믿음을 가졌다.[117] 그래서 죄와 사망의 길인 율법에서 해방되어 새 언약에 따라 찾아오신 성령을 좇아 행함으로써, 이 세상에서 항상 저 사악한 사탄을 이기며 그리스도의 장성한 분량에 이르도록 전력을 다하는 최종 단계에 속한 성도들이라고 할 수 있겠다.[118]

> 볼지어다 내가 문 밖에 서서 두드리노니 누구든지 내 음성을 듣고 문을 열면 내가 그에게로 들어가 그와 더불어 먹고 그는 나와 더불어 먹으리라
> (계 3:20)

> 내가 이르노니 너희는 성령을 따라 행하라 그리하면 육체의 욕심을 이루지 아니하리라
> (갈 5:16)

요한계시록의 일곱 교회에 나타나는 이긴 자들

> 귀 있는 자는 성령이 교회들에게 하시는 말씀을 들을지어다 이기는 그에게는 내가 하나님의 낙원에 있는 생명나무의 열매를 주어 먹게 하리라
> (계 2:7)

---

117 계 11:1 "또 내게 지팡이 같은 갈대를 주며 말하기를 일어나서 하나님의 성전과 제단과 그 안에서 경배하는 자들을 측량하되"
계 21:15 "내게 말하는 자가 그 성과 그 문들과 성곽을 측량하려고 금 갈대 자를 가졌더라"
118 갈 2:20 "내가 그리스도와 함께 십자가에 못 박혔나니 그런즉 이제는 내가 사는 것이 아니요 오직 내 안에 그리스도께서 사시는 것이라 이제 내가 육체 가운데 사는 것은 나를 사랑하사 나를 위하여 자기 자신을 버리신 하나님의 아들을 믿는 믿음 안에서 사는 것이라"

귀 있는 자는 성령이 교회들에게 하시는 말씀을 들을지어다 이기는 자
는 둘째 사망의 해를 받지 아니하리라   (계 2:11)

귀 있는 자는 성령이 교회들에게 하시는 말씀을 들을지어다 이기는 그
에게는 내가 감추었던 만나를 주고 또 흰 돌을 줄 터인데 그 돌 위에 새
이름을 기록한 것이 있나니 받는 자 밖에는 그 이름을 알 사람이 없느니
라   (계 2:17)

이기는 자와 끝까지 내 일을 지키는 그에게 만국을 다스리는 권세를 주
리니   (계 2:26)

이기는 자는 이와 같이 흰 옷을 입을 것이요 내가 그 이름을 생명책에서
결코 지우지 아니하고 그 이름을 내 아버지 앞과 그의 천사들 앞에서 시
인하리라   (계 3:5)

이기는 자는 내 하나님 성전에 기둥이 되게 하리니 그가 결코 다시 나가
지 아니하리라 내가 하나님의 이름과 하나님의 성 곧 하늘에서 내 하나
님께로부터 내려오는 새 예루살렘의 이름과 나의 새 이름을 그이 위에
기록하리라   (계 3:12)

이기는 그에게는 내가 내 보좌에 함께 앉게 하여 주기를 내가 이기고 아
버지 보좌에 함께 앉은 것과 같이 하리라   (계 3:21)

V

생명수 강가로 안내

한 점 티 없이 의로우시며 밝고 거룩하신 하나님 앞에 사람은 누구나 죄인의 신분으로는 절대 설 수 없다. 하지만 오직 하나님의 은혜로 그리스도의 속량을 믿는 자들을 의롭게 여겨주사 죄와 사망의 법에서 해방된 자들이 그분 앞에 당당히 설 수 있게 되었다. 따라서 이때 적용되는 생명의 성령의 법과 아울러 성령 안에서 누리는 참자유에 대해 살펴본다. 그리고 예수께서 십자가 위에서 단번의 제사를 드리기 전에 제자들에게 강론하셨던, 이른바 산상보훈의 핵심 메시지들을 통해 생명수가 넘쳐흐르는 천국을 향한 여정을 안내하고자 한다.

1. 생명의 성령의 법

1) 율법으로부터 해방

아담의 불순종으로 인해 죄가 사람에게 들어왔으며, 후에 이스라엘 백성에게 주셨던 율법으로는 죄를 깨달을 뿐 계속 그 길로 행하면 죄를 해결하지 못하고 결국 사망에 이를 수밖에 없었다. 따라서 우리가 하나님에 대하여 살기 위해서 율법으로부터 벗어나야 할 당위성을 중심으로 다뤄보기로 한다.

히브리서 기자는 "그 후에 말씀하시기를 보시옵소서 내가 하나님의 뜻을 행하러 왔나이다 하셨으니 그 첫째 것을 폐하심은 둘째 것을 세우려 하심이라 이 뜻을 따라 예수 그리스도의 몸을 단번에 드리심으로 말미암아 우리가 거룩함을 얻었노라"(히 10:9-10)고 하였다. 여기서 폐해진 첫째 것은 모세의 율법이 속한 죄와 사망의 법을, 둘째 것은 예수 그리스도를 통해 다시 세우신 생명의 성령의 법을 말한다.

이에 따라 이신칭의(또는 이신득의), 곧 새 언약 아래서 그리스도의 속량을 믿을 때 우리 마음에 이루어진 하나님의 의로서 더 좋은 소망으로 하나님께 가까이 갈 수 있게 되었다.[119] 옛 계명이었던 율법은 사람이 스스로 온전히 지킬 수 없어 그리스도의 단번의 제사 이후에는 무익하므로 폐하신 것이다.[120]

---

119 히 8:10 "또 주께서 이르시되 그 날 후에 내가 이스라엘 집과 맺을 언약은 이것이니 내 법을 그들의 생각에 두고 그들의 마음에 이것을 기록하리라 나는 그들에게 하나님이 되고 그들은 내게 백성이 되리라"
120 히 8:7 "저 첫 언약이 무흠하였더라면 둘째 것을 요구할 일이 없었으려니와"

오늘날 교회들은 일반적으로 율법의 가장 대표적인 십계명 가운데 제4계명(안식일을 기억하여 거룩하게 지키라)을 따르지 않고 안식일 후 첫날, 즉 주님의 날 모인다.[121] 이처럼 처음 하나님께서 십계명을 통해 안식일을 지키라고 명령하셨지만, 예수께서 인류를 위해 모든 죄를 대속하시고 하나님으로부터 다시 의를 얻어 부활하신 날에 모임으로써, 그 패러다임이 완전히 바뀌어졌다.

이제 십계명을 비롯한 613가지 온 율법은, 사람의 행위가 아닌 그리스도의 속량을 오직 믿음으로 성령을 선물로 받아 그 궁극의 목표인 하나님 나라와 그분의 의를 얻어 해결됨으로써 결국 그 체계가 무의미해졌다. 그러므로 율법주의자들은 죄와 사망의 법에 속한 율법의 굴레에서 벗어나 그리스도의 참된 대속의 은혜 가운데로 돌아와야 한다.[122]

첫째 것을 따랐던 구약시대에 에스겔 선지자는 "또 새 영을 너희 속에 두고 새 마음을 너희에게 주되 너희 육신에서 굳은 마음을 제거하고 부드러운 마음을 줄 것이며 또 내 영을 너희 속에 두어 너희로 내 율례를 행하게 하리니 너희가 내 규례를 지켜 행할지라"(겔 36:26-27)고 대언한 바 있다.

이 예언은, 육신의 법인 율법 대신에 그리스도의 구속을 믿는 자들의 심령에 성령을 인치사 우리의 죄로 인해 굳은 마음들을 제거

히 8:13 "새 언약이라 말씀하셨으매 첫 것은 낡아지게 하신 것이니 낡아지고 쇠하는 것은 없어져 가는 것이니라"

121 행 20:7 "그 주간의 첫날에 우리가 떡을 떼려 하여 모였더니 바울이 이튿날 떠나고자 하여 그들에게 강론할새 말을 밤중까지 계속하매"

122 갈 4:9-11 "이제는 너희가 하나님을 알 뿐 아니라 더욱이 하나님이 아신 바 되었거늘 어찌하여 다시 약하고 천박한 초등학문으로 돌아가서 다시 그들에게 종 노릇 하려 하느냐 너희가 날과 달과 절기와 해를 삼가 지키니 내가 너희를 위하여 수고한 것이 헛될까 두려워하노라"

하고 온유한 마음을 주심으로써, 하나님의 율례를 행할 수 있도록 다 이루어졌다. 새 영, 곧 우리 심령에 부어진 성령을 좇아 행하게 하심으로 우리 스스로 도저히 할 수 없는 높아진 율법의 요구를 이루도록 하신 것이다.

따라서 참복음은, 율법(사람)의 행위로 의로움을 얻고자 하는 데서 벗어나, 우리를 의롭게 하시려는 그리스도의 대속의 은혜를 믿는 자들이 성령의 인침을 얻어 영생으로 나아가는 것이라고 할 수 있다.

> 육신을 따르지 않고 그 영을 따라 행하는 우리에게 율법의 요구가 이루어지게 하려 하심이니라 (롬 8:4)

> 이것은 육신을 따라 걷지 아니하고 성령을 따라 걷는 우리 안에서 율법의 의가 성취되게 하려 하심이니라 (롬 8:4, KJV 흠정역)

바울도 갈라디아교회에 보내는 서신서를 통해 "내가 이르노니 너희는 성령을 따라 행하라 그리하면 육체의 욕심을 이루지 아니하리라 육체의 소욕은 성령을 거스르고 성령은 육체를 거스르나니 이 둘이 서로 대적함으로 너희가 원하는 것을 하지 못하게 하려 함이니라 너희가 만일 성령의 인도하시는 바가 되면 율법 아래에 있지 아니하리라"(갈 5:16-18)고 했다.

이렇듯 우리가 생명의 성령의 법에 따라 성령의 인도를 받으면 죄와 사망의 법(율법) 아래서 해방되며, 성령을 좇아 행함으로써 자아를 죽이고 육체의 소욕을 이루지 않게 될 것이다.

> 그러므로 형제들아 우리가 빚진 자로되 육신에게 져서 육신대로 살 것이 아니니라 너희가 육신대로 살면 반드시 죽을 것이로되 영으로써 몸의 행실을 죽이면 살리니 무릇 하나님의 영으로 인도함을 받는 사람은 곧 하나님의 아들이라 (롬 8:12-14)

사망이 아담으로부터 예수께서 이 땅에 오시기까지 왕 노릇을 하였으며, 사람들이 죄가 세상에 있었으나 이를 깨닫지 못하다가 모세를 통해 주어진 율법으로 인해 온전히 알게 되었다. 그리고 마침내 그리스도의 단번의 제사로 인류를 죄에서 영속하사 율법이 속한 죄와 사망의 법체계에서 해방되고, 새로워진 생명의 성령의 법에 따라 성령의 인도를 받는 성도들이 정죄를 받지 않고 영생에 이르게 된 것이다.[123]

> 그가 죽으심은 죄에 대하여 단번에 죽으심이요 그가 살아 계심은 하나님께 대하여 살아계심이니 이와 같이 너희도 너희 자신을 죄에 대하여는 죽은 자요 그리스도 예수 안에서 하나님께 대하여는 살아 있는 자로 여길지어다 (롬 6:10-11)

그러므로 율법을 행함으로 하나님께서 바라시는 의를 이루는 것처럼 가르치는 자들은 거짓 선지자요,[124] 위선자로서 불법을 행하는 자요,[125] 율법을 기준(잣대) 삼아 다투는 이단자라고 할 수 있

---

[123] 눅 4:18-19 "주의 성령이 내게 임하셨으니 이는 가난한 자에게 복음을 전하게 하시려고 내게 기름을 부으시고 나를 보내사 포로 된 자에게 자유를, 눈 먼 자에게 다시 보게 함을 전파하며 눌린 자를 자유롭게 하고 주의 은혜의 해를 전파하게 하려 하심이라 하였더라"

[124] 마 7:15 "거짓 선지자들을 삼가라 양의 옷을 입고 너희에게 나아오나 속에는 노략질하는 이리라"

[125] 마 7:23 "그 때에 내가 그들에게 밝히 말하되 내가 너희를 도무지 알지 못하니

다.[126] 사람은 어느 누구도 율법의 행위로 온전해질 수 없으며, 오히려 죄와 사망의 길인 율법을 기준으로 행할 때 그 계명을 타고 죄가 살아나 그를 잠식해 죄의 늪으로 끌어들이게 된다.[127]

결국 율법의 근간이 되는 아브라함부터 시작된 십일조로 운용되었던 레위 계통의 제사 직분으로는 온전함을 얻을 수 없었으며, 이제는 영생에 이르지 못할 죄와 사망의 길인 율법에서 벗어나야 우리가 하나님에 대하여 사는 길이다.[128] 따라서 교회들은 오직 멜기세덱의 반차로서 새 언약을 따라 이루신 영원한 대제사장이신 그리스도의 생명의 성령의 법을 좇는 것만이 거룩하신 하나님의 뜻을 따르는 길임을 직시해야 한다.

2) 그리스도의 율법

하나님께서 인류를 죄에서 구원하시기 위해 이스라엘 백성을 택하사 십계명을 비롯한 각종 율법을 주셨다. 하지만 율법의 행위로는 하나님께서 보시기에 합당한 의, 즉 자기의 의가 아닌 '하나님의 의'를 이룰 수 없어 온전함에 이르지 못하고 결국 사망할 수

불법을 행하는 자들아 내게서 떠나가라 하리라"
[126] 딛 3:9-11 "그러나 어리석은 변론과 족보 이야기와 분쟁과 율법에 대한 다툼은 피하라 이것은 무익한 것이요 헛된 것이니라 이단에 속한 사람을 한두 번 훈계한 후에 멀리하라 이러한 사람은 네가 아는 바와 같이 부패하여 스스로 정죄한 자로서 죄를 짓느니라"
[127] 롬 7:8 "그러나 죄가 기회를 타서 계명으로 말미암아 내 속에서 온갖 탐심을 이루었나니 이는 율법이 없으면 죄가 죽은 것임이라"
[128] 롬 7:4 "그러므로 내 형제들아 너희도 그리스도의 몸으로 말미암아 율법에 대하여 죽임을 당하였으니 이는 다른 이 곧 죽은 자 가운데서 살아나신 이에게 가서 우리가 하나님을 위하여 열매를 맺게 하려 함이라"

밖에 없었다. 그래서 하나님께서 새 언약에 따라 인류를 죄에서 속량하고 구원에 이를 수 있도록 그리스도의 단번의 제사를 통해 세우신 믿음의 법이, 곧 그리스도의 율법이다.[129]

> 죄가 율법 있기 전에도 세상에 있었으나 율법이 없었을 때에는 죄를 죄로 여기지 아니하였느니라 그러나 아담으로부터 모세까지 아담의 범죄와 같은 죄를 짓지 아니한 자들까지도 사망이 왕 노릇 하였나니 아담은 오실 자의 모형이라 (롬 5:13-14)

인류는 아담 이래로 구약시대 동안 죄와 사망의 법 가운데 있었다. 그러다 하나님의 구원의 경륜에 따라 둘째 아담이신 예수께서 십자가 위에서 희생 제사를 드리고 부활하심으로써 이를 믿는 자들을 죄로부터 구속救贖하셨다. 그러므로 새 언약에 따라 역사상 가장 은혜로운 생명의 성령의 법이 적용되는 신약시대로의 대전환을 맞았다.

따라서 사람들 안에 거하는 원죄, 양심이 증거하는 죄, 그리고 온 인류의 전全 세대, 즉 과거 현재 미래의 모든 죄에 대하여 누구든지 그리스도의 속량을 깨달아 믿는 자들은 죄사함을 얻을 수 있게 되었다. 하나님의 의를 거저 얻음으로 거듭난 성도들이 그리스도의 신부로서 성령을 좇아 살아가도록 은총을 입은 것이다.

주께서 이르시되 그 날 후로는 그들과 맺을 언약이 이것이라 하시고 내 법을 그들의 마음에 두고 그들의 생각에 기록하리라 하신 후에 또 그들의 죄와 그들의 불법을 내가 다시 기억하지 아니하리라 하셨으니 이것

---

129 고전 9:21 "율법 없는 자에게는 내가 하나님께는 율법 없는 자가 아니요 도리어 그리스도의 율법 아래에 있는 자이나 율법 없는 자와 같이 된 것은 율법 없는 자들을 얻고자 함이라"

들을 사하셨은즉 다시 죄를 위하여 제사 드릴 것이 없느니라
(히 10:16-18)

바울이 "우리는 그리스도 안에서 그의 은혜의 풍성함을 따라 그의 피로 말미암아 속량 곧 죄사함을 받았느니라"(엡 1:7)고 했듯이, 우리는 예수께서 이루신 보혈의 공로로 인해 오직 은혜로 죄사함을 받았다.[130] 그래서 우리가 그리스도의 속량을 마음에 깨달아 믿을 때 성령의 인침을 거저 받아 하나님의 의로서 거룩함을 얻어 그분의 영광에 이르게 된다.

너희가 죄의 종이 되었을 때에는 의에 대하여 자유로웠느니라 너희가 그 때에 무슨 열매를 얻었느냐 이제는 너희가 그 일을 부끄러워하나니 이는 그 마지막이 사망임이라 그러나 이제는 너희가 죄로부터 해방되고 하나님께 종이 되어 거룩함에 이르는 열매를 맺었으니 그 마지막은 영생이라 죄의 삯은 사망이요 하나님의 은사는 그리스도 예수 우리 주 안에 있는 영생이니라
(롬 6:20-23)

이처럼 인류에게 주신 그리스도의 죄사함의 은혜가 없었다면, 유대인들은 율법으로 인해 영벌에 이르고 율법을 받지 않은 모든 이방인들은 양심으로 인해 장차 하나님의 심판 날에 영벌에 처해질 수밖에 없었다. 이는 율법이 척도가 되며, 또 자기 양심이 증거가 되어 그 죄로 인해 심판에 이르기 때문이다.

한편 죄와 사망을 이기신 그리스도에 대해 바울은 "너희가 세례[131]로 그리스도와 함께 장사되고 또 죽은 자들 가운데서 그를 일

---

[130] 히 9:22 "율법을 따라 거의 모든 물건이 피로써 정결하게 되나니 피흘림이 없은즉 사함이 없느니라"
[131] 침례(KJV 흠정역)

V. 생명수 강가로 안내

으키신 하나님의 역사를 믿음으로 말미암아 그 안에서 함께 일으키심을 받았느니라 또 범죄와 육체의 무할례로 죽었던 너희를 하나님이 그와 함께 살리시고 우리의 모든 죄를 사하시고 우리를 거스르고 불리하게 하는 법조문으로 쓴 증서를 지우시고 제하여 버리사 십자가에 못 박으시고 통치자들과 권세들을 무력화하여 드러내어 구경거리로 삼으시고 십자가로 그들을 이기셨느니라"(골 2:12-15)고 하였다.

이와 같이 예수께서 법조문으로 쓴 증서(모든 율법)들을 십자가에 못 박아 폐하시고 다시 살아나심으로써, 이를 믿는 자들로 하여금 사탄을 이기고 죄와 사망의 법에서 해방되어 죄사함을 얻게 하셨다. 새로워진 생명의 성령의 법에 따라, 단번의 제사와 부활하신 그리스도의 구속의 역사를 우리가 오직 믿음으로 죄(사탄)를 이기고 공중권세 잡은 자들을 무력화하여 구경거리로 삼으신 것이다.

> 그는 우리의 화평이신지라 둘로 하나를 만드사 원수 된 것 곧 중간에 막힌 담을 자기 육체로 허시고 법조문으로 된 계명의 율법을 폐하셨으니 이는 이 둘로 자기 안에서 한 새 사람을 지어 화평하게 하시고
> (엡 2:14-15)

또한 예수께서 십자가 위에서 온 인류의 죄를 대신하여 단번의 속죄 제사를 드리시고 '부활'하신 것은, 하나님으로부터 다시 '의'를 얻었다는 사실을 증명한다. 오직 이를 믿는 자들이 진리의 영으로 오신 성령을 증표로 받을 때 하나님의 의가 전가되며, 또 종의 멍에인 율법으로부터 벗어나 죄와 사망 권세를 이기고 성령 안에서 참자유를 누릴 수 있게 된 것이다.

> 그리스도께서 우리를 자유롭게 하려고 자유를 주셨으니 그러므로 굳건하게 서서 다시는 종의 멍에를 메지 말라 보라 나 바울은 너희에게 말하노니 너희가 만일 할례를 받으면 그리스도께서 너희에게 아무 유익이 없으리라
> (갈 5:1-2)

> 베드로가 이르되 너희가 회개하여 각각 예수 그리스도의 이름으로 세례를 받고 죄 사함을 받으라 그리하면 성령의 선물을 받으리니
> (행 2:38)

우리는 그리스도의 복음을 듣고 깨달아 믿은 후에도, 성령의 인도를 받기 위해 범죄에 대한 자백과 회개와[132] 더불어 일상생활 속에서 성령 충만을 얻을 수 있도록 지속적으로 간구해야 한다.[133] 그래야 하나님 앞에 항상 담대함을 얻으며, 성령 안에서 새 계명, 곧 그리스도의 율법에 따라 하나님을 사랑하고 이웃을 서로 사랑하는 삶들을 살아가는 데 절실히 필요한 생명수로서 적합한 원천源泉을 확보할 수 있다고 하겠다.

---

[132] 요일 1:8-10 "만일 우리가 죄가 없다고 말하면 스스로 속이고 또 진리가 우리 속에 있지 아니할 것이요 만일 우리가 우리 죄를 자백하면 그는 미쁘시고 의로우사 우리 죄를 사하시며 우리를 모든 불의에서 깨끗하게 하실 것이요 만일 우리가 범죄하지 아니하였다 하면 하나님을 거짓말하는 이로 만드는 것이니 또한 그의 말씀이 우리 속에 있지 아니하니라"
요 13:10 "예수께서 이르시되 이미 목욕한 자는 발밖에 씻을 필요가 없느니라 온 몸이 깨끗하니라 너희가 깨끗하나 다는 아니니라 하시니"

[133] 행 2:4 "그들이 다 성령의 충만함을 받고 성령이 말하게 하심을 따라 다른 언어들로 말하기를 시작하니라"
행 6:3 "형제들아 너희 가운데서 성령과 지혜가 충만하여 칭찬 받는 사람 일곱을 택하라 우리가 이 일을 그들에게 맡기고"
행 7:55 "스데반이 성령 충만하여 하늘을 우러러 주목하여 하나님의 영광과 및 예수께서 하나님 우편에 서신 것을 보고"
행 13:52 "제자들은 기쁨과 성령이 충만하니라"

그런즉 너희가 어떻게 행할지를 자세히 주의하여 지혜 없는 자 같이 하지 말고 오직 지혜 있는 자 같이 하여 세월을 아끼라 때가 악하니라 그러므로 어리석은 자가 되지 말고 오직 주의 뜻이 무엇인가 이해하라 술 취하지 말라 이는 방탕한 것이니 오직 성령으로 충만함을 받으라

(엡 5:15-18)

성령을 소멸하지 말며 (살전 5:19)

나아가 하나님의 구원의 경륜에 따라 율법으로부터 해방되어 그리스도의 율법 아래서 성령시대를 살아가고 있는 우리는 오직 그리스도의 속량을 깨달아 믿음으로 성령 안에서 참 자유를 누리고 있다. 그러므로 생명의 성령의 법에 따라 하나님의 은혜 가운데 구원을 얻은 우리는 방종하지 말고 온전케 하시는 성령을 좇아 행하며 항상 순종하여 경외함과 떨림으로 구원의 날을 이루어 나가야 할 것이다.[134]

---

[134] 빌 2:12 "그러므로 나의 사랑하는 자들아 너희가 나 있을 때뿐 아니라 더욱 지금 나 없을 때에도 항상 복종하여 두렵고 떨림으로 너희 구원을 이루라"

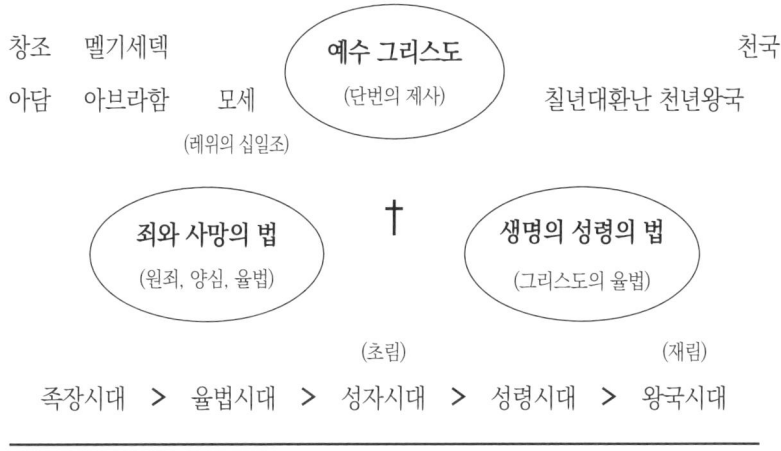

〔그림 V-1〕

2. 성령 안에 참자유

1) 하나님 나라의 임재

바울은 "복음에는 하나님의 의가 나타나서 믿음으로 믿음에 이르게 하나니 기록된 바 오직 의인은 믿음으로 말미암아 살리라 함과 같으니라"(롬 1:17)고 하였다. 이에 따라 그리스도를 구주로 믿는 자들은 사람(율법)의 행위가 아닌 하나님의 의를 거저 얻음으로써 하나님에 대하여 살게 되는 은총을 입은 사실을 알 수 있다.

> 하나님이 죄를 알지도 못하신 이를 우리를 대신하여 죄로 삼으신 것은 우리로 하여금 그 안에서 하나님의 의가 되게 하려 하심이라
> (고후 5:21)

나아가 "하나님의 나라는 먹는 것과 마시는 것이 아니요 오직 성령 안에 있는 의와 평강과 희락이라"(롬 14:17)고 했듯이, 우리의 마음속에 하나님 나라의 임재는 성령과 불가분의 관계에 있다.[135] 따라서 성령의 인침이 있어야 비로소 죄로부터 해방되어 의인으로서 참자유를 얻고, 더불어 하나님의 나라를 현세에서 미리 맛보며 살아갈 수 있게 된다.

예수께서 구원의 보증으로 보혜사 성령을 보내사 하나님의 나라가 임재한 성도들은 항상 성령 충만함을 얻도록 간구해야 한다. 그래야 의와 평강과 희락 가운데, 범사에 자기를 부인하고 그리스도를 믿고 의지함으로 새 언약에 따라 세우신 그리스도의 율법 안에서 성령을 좇아 살아갈 수 있도록 도우심을 얻게 될 것이다.

> 너희는 너희가 하나님의 성전인 것과 하나님의 성령이 너희 안에 계시는 것을 알지 못하느냐
> (고전 3:16)

> 술 취하지 말라 이는 방탕한 것이니 오직 성령으로 충만함을 받으라
> (엡 5:18)

이렇듯 온 인류를 죄에서 해방하심으로 참자유를 주시고 그리스도의 구속을 믿는 자들의 모든 삶을 도우시기 위해, 이른바 율

---

135 눅 17:21 "또 여기 있다 저기 있다고도 못하리니 하나님의 나라는 너희 안에 있느니라"

법의 완성품이요, 모든 주권을 가지신 보혜사 성령이 우리 안에 찾아오셨다. 이에 대한 이해를 제고하고자 율법의 기원이라고 할 수 있는 아브라함으로부터 시작된 '할례와 십일조'와 관련하여 내 안에 이루어진 하나님 나라의 임재에 대하여 살펴본다.

하나님께서 육 일 동안 천지를 창조하시고 칠 일째 안식하심으로써 팔 일째부터 첫째 아담시대가 시작되었다. 이후 아브라함에게 이삭이 태어난 지 팔 일째 할례를 행하도록 하신 것은 둘째 아담으로 오실 그리스도에 대한 상징적 예표였다.

때가 이르러 그리스도의 단번의 제사로 구속의 은혜를 믿는 성도들의 마음에 율법의 표면적 할례가 아닌 이면적 할례, 즉 성령을 인치심에 따라 우리 안에 하나님 나라와 더불어 그분의 의를 다 이루시고 모든 삶의 주인이 되셨다.

> 목이 곧고 마음과 귀에 할례를 받지 못한 사람들아 너희도 너희 조상과 같이 항상 성령을 거스르는도다 (행 7:51)

> 무릇 표면적 유대인이 유대인이 아니요 표면적 육신의 할례가 할례가 아니니라 오직 이면적 유대인이 유대인이며 할례는 마음에 할지니 영에 있고 율법 조문에 있지 아니한 것이라 그 칭찬이 사람에게서가 아니요 다만 하나님에게서니라 (롬 2:28-29)

또한 전쟁에서 이기고 돌아온 아브라함이 모든 주권이 하나님께 계심을 믿으므로 영원한 제사장인 멜기세덱에게 전리품의 십분의 일을 나누어 주고 축복을 받았다. 하나님의 절대적 주권을 인정함에 따라 감사함으로 나누어 준 이 십분의 일 역시, 멜기세덱의 반차로서 오실 그리스도에 대한 상징적 예표였다.

이때 하나님은 이미 아브라함의 허리에 있었던 그의 후손인 레위의 제사 체계를 계획하심으로써 십일조 제도가 율법시대까지 이어졌으므로, 아브라함과 레위의 십분의 일은 같은 뿌리로서 동질적이다. 그리고 그리스도의 구속을 믿는 자들에게 성령을 인치셔서 우리 안에 하나님 나라와 그분의 의를 다 이루시고 모든 주권을 완성하셨음을 알 수 있다.

　이렇듯 하나님의 영이신 성령이 그리스도를 믿는 성도들의 마음에 실제 찾아오사 온 율법이 마침이 되었으며, 또 우리 안에 하나님 나라의 임재와 더불어 모든 주권을 이루셨다. 그러므로 할례와 십일조를 비롯한 아무것도 온전케 못 하는 지나간 낡은 율법은 무익하여 폐해져야 마땅하다.[136] 새 언약에 따라 새로워진 생명의 성령의 법체계인 성령 안에서 우리의 주가 되신 그리스도와 동행함으로써 평강 가운데 참자유를 누리며 살아갈 수 있게 된 것이다.

2) 생명수로서 성령

　하나님께서 인류를 구원하시기 위해 먼저 이스라엘 민족을 택정하사 죄를 깨닫도록 율법으로 이끄셨으며, 그리스도의 십자가 사건 이후에는 바뀌어진 생명의 성령의 법으로 인도하고 계신다. 이처럼 율법 대신에 나타나신 성령은, 오직 그리스도의 구속을 마음으로 믿을 때 선물로 인쳐지며 우리가 하나님 나라와 그분의 의

---

[136] 히 7:18-19 "전에 있던 계명은 연약하고 무익하므로 폐하고 (율법은 아무 것도 온전하게 못할지라) 이에 더 좋은 소망이 생기니 이것으로 우리가 하나님께 가까이 가느니라"

를 얻은 것에 대한 증거이기도 하다.[137]

이처럼 성도들의 마음에 인쳐져 죽은 영들을 살리신 생명수가 되신 성령은, 목마른 자들에게 영원토록 솟아나는 샘물이 되어 보혜사로서 진리의 영이요, 안내자요, 스승의 역할을 담당하신다. 따라서 우리는 성령을 좇아 행하는 것이, 하나님 앞에 설 수 있는 유일한 생명의 길이라는 그리스도의 거룩하신 진리를 결코 소홀히 해서는 안 된다.

> 내가 주는 물을 마시는 자는 영원히 목마르지 아니하리니 내가 주는 물은 그 속에서 영생하도록 솟아나는 샘물이 되리라 (요 4:14)

> 명절 끝날 곧 큰 날에 예수께서 서서 외쳐 이르시되 누구든지 목마르거든 내게로 와서 마시라 나를 믿는 자는 성경에 이름과 같이 그 배에서 생수의 강이 흘러나오리라 하시니 이는 그를 믿는 자들이 받을 성령을 가리켜 말씀하신 것이라 (예수께서 아직 영광을 받지 않으셨으므로 성령이 아직 그들에게 계시지 아니하시더라) (요 7:37-39)

> 성령과 신부가 말씀하시기를 오라 하시는도다 듣는 자도 오라 할 것이요 목마른자도 올 것이요 또 원하는 자는 값없이 생명수를 받으라 하시더라 (계 22:17)

우리가 그리스도를 주님이라 시인할 수 있는 것도, 그리스도의 구속을 마음에 믿을 때 기름부은 바 되신 성령이 항상 우리 몸을 성전 삼고 우리 안에 살아 계시기 때문이다.[138] 그래서 마르지 않

---

137 딛 3:6-7 "우리 구주 예수 그리스도로 말미암아 우리에게 그 성령을 풍성히 부어 주사 우리로 그의 은혜를 힘입어 의롭다 하심을 얻어 영생의 소망을 따라 상속자가 되게 하려 하심이라"
138 고전 3:16 "너희는 너희가 하나님의 성전인 것과 하나님의 성령이 너희 안에

는 생수의 강이 되어 우리를 고아와 같이 내버려두지 않고 모든 삶 가운데 주인이 되셔서 보살펴 주신다. 하지만 안타깝게도 그리스도를 구주로 영접하지 않은 자들은, 성령이 마음에 임재하지 않으셨기에 아직 만유의 주인이신 하나님께 부르심을 받았다고 할 수 없다.[139]

> 그러므로 내가 너희에게 알리노니 하나님의 영으로 말하는 자는 누구든지 예수를 저주할 자라 하지 아니하고 또 성령으로 아니하고는 누구든지 예수를 주시라 할 수 없느니라 (고전 12:3)

> 우리를 너희와 함께 그리스도 안에서 굳건하게 하시고 우리에게 기름을 부으신 이는 하나이시니 그가 또한 우리에게 인치시고 보증으로 우리 마음에 성령을 주셨느니라 (고후 1:21-22)

전술한 대로 아브라함 때부터 시작되어 율법에 따라 유대인들의 육신에 할례로 인치던 것을, 마가의 다락방에 모여 기도하던 오순절 이후엔 그리스도의 구속을 믿는 자들의 마음에 성령으로 대신 인치신다. 그리고 아브라함이 하나님의 주권에 감사함으로 시작된 율법의 십일조 제도는, 그리스도의 구속을 믿는 자들의 마음에 모든 주권을 가지신 보혜사 성령으로 임재하사 율법이 완전하게 되어 그 제도가 무익하게 되었다.

다시 말해 아브라함으로부터 시작된 할례와 십분의 일은, 하나님께서 인류를 구원하시고자 율법에 따라 레위 계통의 제사 체계

계시는 것을 알지 못하느냐"
[139] 엡 4:4 "몸이 하나요 성령도 한 분이시니 이와 같이 너희가 부르심의 한 소망 안에서 부르심을 받았느니라"

를 계획하시고 마음에 생명수로서 성령을 인치시기 위한 서막이었다. 따라서 이사야 선지자와 그리스도의 예언에서 보여지듯이,[140] 신약시대에서의 참복은 율법에서 해방되어 예수께서 보내주신 성령이 우리 안에 임재하사 항상 함께하시는 것이다. 그리고 친히 생명의 양식이 되고 영혼의 마르지 않는 생수가 되어 우리가 모든 진리 가운데로 인도를 받는 것이라고 할 수 있겠다.

> 너희가 악할지라도 좋은 것을 자식에게 줄 줄 알거든 하물며 너희 하늘 아버지께서 구하는 자에게 성령을 주시지 않겠느냐 하시니라
> (눅 11:13)

> 그러나 진리의 성령이 오시면 그가 너희를 모든 진리 가운데로 인도하시리니 그가 스스로 말하지 않고 오직 들은 것을 말하며 장래 일을 너희에게 알리시리라
> (요 16:13)

우리가 하나님 앞에 온전히 서려면, 먼저 자신이 우리의 죄를 속량하신 그리스도와 함께 못 박혀 죽었다는 사실을 깨닫고 자아가 주인이 되는 율법주의적 사고에서 벗어나야 한다. 나아가 바울이 날마다 죽노라고 단언했듯이 항상 자기는 죽고 내 안에 사시는 그리스도를 믿는 신실한 믿음 안에서 살아가야 한다.[141] 이 길이 곧

---

140 사 30:20-21 "주께서 너희에게 환난의 떡과 고생의 물을 주시나 네 스승은 다시 숨기지 아니하시리니 네 눈이 네 스승을 볼 것이며 너희가 오른쪽으로 치우치든지 왼쪽으로 치우치든지 네 뒤에서 말소리가 네 귀에 들려 이르기를 이것이 바른 길이니 너희는 이리로 가라 할 것이며"
요 14:6 "예수께서 이르시되 내가 곧 길이요 진리요 생명이니 나로 말미암지 않고는 아버지께로 올 자가 없느니라"
141 고전 15:31 "형제들아 내가 그리스도 예수 우리 주 안에서 가진 바 너희에 대한 나의 자랑을 두고 단언하노니 나는 날마다 죽노라"

하나님께서 바라시는 생명의 길이요, 그리스도와 동행하는 길이요, 성령을 좇아 행하는 길이다.

> 내가 율법으로 말미암아 율법에 대하여 죽었나니 이는 하나님에 대하여 살려 함이라 내가 그리스도와 함께 십자가에 못 박혔나니 그런즉 이제는 내가 사는 것이 아니요 오직 내 안에 그리스도께서 사시는 것이라 이제 내가 육체 가운데 사는 것은 나를 사랑하사 나를 위하여 자기 자신을 버리신 하나님의 아들을 믿는 믿음 안에서 사는 것이라
> (갈 2:19-20)

이를 위해 우리가 세상에서 어렵고 힘든 일을 당할 때 우리 안에 거하시는 그리스도의 도우심을 간절히 구하면 성령이 인격적으로 함께하신다는 사실을 깨닫게 된다.[142] 이러한 일들이 반복되어 일상화될 때 비로소 그리스도와 동행하는 복된 삶을 누리며, 보혜사이신 성령 안에서 범사에 도움을 주시는 거룩한 생명수를 항상 맛보게 될 것이다.[143]

3) 진리 안에 평강과 자유

예수께서 온 인류의 죗값으로 대신 십자가에 못 박히시고 부활하신 사실을 우리가 깨닫고 오직 마음에 믿음으로 그분과 연합하

---

142 롬 8:14 "무릇 하나님의 영으로 인도함을 받는 사람은 곧 하나님의 아들이라" 고전 2:10 "오직 하나님이 성령으로 이것을 우리에게 보이셨으니 성령은 모든 것 곧 하나님의 깊은 것까지도 통달하시느니라"
143 창 5:24 "에녹이 하나님과 동행하더니 하나님이 그를 데려가시므로 세상에 있지 아니하였더라"

여 거듭나 새 생명을 얻게 되었다. 그러므로 우리는 희생의 제물이 되신 그리스도의 은혜와 사랑에 감사하며 지은 죄를 자백하고 회개하는 삶이 되어야 한다. 그리고 범사에 자기를 부인하고 그리스도를 의지하며 살아갈 때, 성령 안에서 실로 의와 평강과 희락이 넘치는 하나님 나라에 앉힌 바 된 자신을 발견할 수 있을 것이다.[144]

> 주께서 심지가 견고한 자를 평강하고 평강하도록 지키시리니 이는 그가 주를 신뢰함이니이다 너희는 여호와를 영원히 신뢰하라 주 여호와는 영원한 반석이심이로다 (사 26:3-4)

> 또 여호와를 기뻐하라 그가 네 마음의 소원을 네게 이루어 주시리로다 네 길을 여호와께 맡기라 그를 의지하면 그가 이루시고 네 의를 빛 같이 나타내시며 네 공의를 정오의 빛 같이 하시리로다 (시 37:4-6)

히브리서 기자는 "또 그들의 죄와 그들의 불법을 내가 다시 기억하지 아니하리라 하셨으니 이것들을 사하셨은즉 다시 죄를 위하여 제사 드릴 것이 없느니라"(히 10:17-18)고 하였다. 이렇듯 하나님은 독생자이신 그리스도의 단번의 제사를 통해 온 인류를 죄의 멍에로부터 해방하시고,[145] 성령을 통해 우리 안에 평강의 하나님 나라를 이루셨다.[146] 그리고 예수께서도 무덤에서 부활하신 후 제자들에게 첫 일성으로 평강을 축복한 사실을 우리는 너무 잘 알

---

144 잠 3:5-6 "너는 마음을 다하여 여호와를 신뢰하고 네 명철을 의지하지 말라 너는 범사에 그를 인정하라 그리하면 네 길을 지도하시리라"
145 히 10:14 "그가 거룩하게 된 자들을 한 번의 제사로 영원히 온전하게 하셨느니라"
146 롬 14:17 "하나님의 나라는 먹는 것과 마시는 것이 아니요 오직 성령 안에 있는 의와 평강과 희락이라"

고 있다.

> 이 날 곧 안식 후 첫날 저녁 때에 제자들이 유대인들을 두려워하여 모인 곳의 문들을 닫았더니 예수께서 오사 가운데 서서 이르시되 너희에게 평강이 있을지어다 (요 20:19)

> 이 말을 할 때에 예수께서 친히 그들 가운데 서서 이르시되 너희에게 평강이 있을지어다 하시니 (눅 24:36)

또한 그리스도의 속량을 믿는 우리는 돌판에 쓰여졌던 옛 계명 대신 자기 마음 판에 성령이 인쳐짐에 따라, 우리 안에 하나님 나라와 그분의 의가 이루어지고 더불어 죄와 사망의 법으로부터 자유를 얻었다. 따라서 성령 안에서 누리는 참자유는 자신이 죄에서 해방되었다는 사실이 확실히 깨달아질 때 얻을 수 있다.

이때 묵은 율법의 속박에 매이지 말고 새 언약으로 주신 그리스도의 율법, 즉 생명의 성령의 법에 귀속된 새 계명에 따라 서로 사랑해야 한다.[147] 그리고 내주하시는 참진리이신 예수 그리스도의 터 위에서 그분만을 믿고 의지하며 살아갈 때, 사망의 늪인 죄성이 억제되고 성령 안에서 진정한 평강과 자유를 누리게 될 것이다.

---

[147] 요 13:34-35 "새 계명을 너희에게 주노니 서로 사랑하라 내가 너희를 사랑한 것 같이 너희도 서로 사랑하라 너희가 서로 사랑하면 이로써 모든 사람이 너희가 내 제자인 줄 알리라"
고전 13:4-7 "사랑은 오래 참고 사랑은 온유하며 시기하지 아니하며 사랑은 자랑하지 아니하며 교만하지 아니하며 무례히 행하지 아니하며 자기의 유익을 구하지 아니하며 성내지 아니하며 악한 것을 생각하지 아니하며 불의를 기뻐하지 아니하며 진리와 함께 기뻐하고 모든 것을 참으며 모든 것을 믿으며 모든 것을 바라며 모든 것을 견디느니라"

진리를 알지니 진리가 너희를 자유롭게 하리라　　　　　(요 8:32)

　　주는 영이시니 주의 영이 계신 곳에는 자유가 있느니라　(고후 3:17)

　　그리스도께서 우리를 자유롭게 하려고 자유를 주셨으니 그러므로 굳건하게 서서 다시는 종의 멍에를 메지 말라　　　　　　　　　(갈 5:1)

　그러므로 그리스도의 속량을 믿을 때 선물로 인쳐진 성령으로 침례를 받아 진리 안에서 평강과 자유를 얻은 우리는, 악한 마음에서 벗어나 선한 양심에 따라 온전한 믿음으로 하나님께 나아갈 수 있도록 항상 성령 충만하길 간구해야 한다.[148]

　　우리가 마음에 뿌림을 받아 악한 양심으로부터 벗어나고 몸은 맑은 물로 씻음을 받았으니 참 마음과 온전한 믿음으로 하나님께 나아가자
　　　　　　　　　　　　　　　　　　　　　　　　　　　　(히 10:22)

　　우리를 위하여 기도하라 우리가 모든 일에 선하게 행하려 하므로 우리에게 선한 양심이 있는 줄을 확신하노니　　　　　　　　　(히 13:18)

---

[148] 엡 6:18 "모든 기도와 간구를 하되 항상 성령 안에서 기도하고 이를 위하여 깨어 구하기를 항상 힘쓰며 여러 성도를 위하여 구하라"
벧전 3:16 "선한 양심을 가지라 이는 그리스도 안에 있는 너희의 선행을 욕하는 자들로 그 비방하는 일에 부끄러움을 당하게 하려 함이라"
벧전 3:21 "물은 예수 그리스도께서 부활하심으로 말미암아 이제 너희를 구원하는 표니 곧 세례(침례)라 이는 육체의 더러운 것을 제하여 버림이 아니요 하나님을 향한 선한 양심의 간구니라"

3. 천국을 향한 여정

마태복음 5장-7장에 기록된 이른바 산상보훈은, 예수께서 율법 시대를 살아가고 있는 당시의 제자들과 무리에게 여덟 가지의 참복을 소개하시며 하나님 나라의 소망을 주신다. 그리고 '하나님의 나라와 그분의 의義'를 구할 때 찾아오실 성령을 좇아 하나님과 우리 이웃을 사랑하며 살아가는 것이, 율법을 완전하게 하는 길이요, 본향을 향하는 하나님의 참뜻대로 행하는 길임을 일깨워 주신다.

이후 얼마 지나지 않아, 예수께서 온 인류의 죄를 담당하시려고 자신을 친히 단번의 희생의 제물로 바치시고 부활하사 하늘에 오르셨다. 그리고 이를 깨달아 믿는 자들이 오롯이 하나님의 나라와 그분의 의를 거저 얻고 죄사함을 받아 구원을 얻게 되었다. 그 증거로서 좋은 것(성령)을 받음으로써 율법의 완성과 더불어 참복의 성취를 이루게 된 것이다.

따라서 예수께서 친히 산상에서 가르치셨던 핵심적인 내용들을 중심으로 천국을 향하는 여정旅程을 살펴봄으로써, 그리스도의 진리를 바르게 깨달아 우리 성도들과 더불어 구원의 참된 소망과 기쁨을 누리고자 한다.

1) 율법의 완성 예고

예수께서 설파하신 이 교훈의 서두에 하늘과 땅에서 받을 참된 영적인 복들이 소개된다. 즉, 심령이 가난한 자, 애통하는 자, 온유한 자, 의에 주리고 목마른 자, 긍휼이 여기는 자, 마음이 청결한 자, 화평케 하는 자, 마지막으로 의를 위하여 박해받는 자들이 얻게 되는 아래의 여덟 가지 복들이다.

> 심령이 가난한 자는 복이 있나니 천국이 그들의 것임이요 애통하는 자는 복이 있나니 그들이 위로를 받을 것임이요 온유한 자는 복이 있나니 그들이 땅을 기업으로 받을 것임요 의에 주리고 목마른 자는 복이 있나니 그들이 배부를 것임이요 긍휼히 여기는 자는 복이 있나니 그들이 긍휼히 여김을 받을 것임이요 마음이 청결한 자는 복이 있나니 그들이 하나님을 볼 것임이요 화평하게 하는 자는 복이 있나니 그들이 하나님의 아들이라 일컬음을 받을 것임이요 의를 위하여 박해를 받은 자는 복이 있나니 천국이 그들의 것임이라 (마 5:3-10)

나아가 의義, 그 자체이신 그리스도 자신으로 인해 너희를 욕하고 박해하고 악한 말들을 할지라도 하늘의 상을 바라며 기뻐하고 즐거워하라고 당부하신다.[149] 또 세상에서 착한 행실로 소금처럼 맛을 내며 빛으로 모든 사람에게 비치게 하여 그들로 하늘 아버지께 영광을 돌릴 수 있도록 하라고 가르치신다. 야고보도 행함이 없는 믿음은 죽은 믿음이라고 하였는 바, 우리 성도들은 행실을 통해 살아있는 믿음을 증명해 보여야 할 것이다.[150]

> 너희는 세상의 소금이니 소금이 만일 그 맛을 잃으면 무엇으로 짜게 하리요 후에는 아무 쓸 데 없어 다만 밖에 버려져 사람에게 밟힐 뿐이니라 너희는 세상의 빛이라 산 위에 있는 동네가 숨겨지지 못할 것이요 사람

---

149 마 5:11-12 "나로 말미암아 너희를 욕하고 박해하고 거짓으로 너희를 거슬러 모든 악한 말을 할 때에는 너희에게 복이 있나니 기뻐하고 즐거워하라 하늘에서 너희의 상이 큼이라 너희 전에 있던 선지자들도 이같이 박해하였느니라"
150 약 2:17 "이와 같이 행함이 없는 믿음은 그 자체가 죽은 것이라"

이 등불을 켜서 말 아래에 두지 아니하고 등경 위에 두나니 이러므로 집 안 모든 사람에게 비치느니라 이같이 너희 빛이 사람 앞에 비치게 하여 그들로 너희 착한 행실을 보고 하늘에 계신 너희 아버지께 영광을 돌리게 하라 (마 5:13-16)

이어 예수께서 율법이나 선지자를 폐하러 온 것이 아니요, 완전하게 하러 오셨다는 사실을 예고하신다. 이는 율법의 본질이자 궁극의 목표가 되는 '하나님 나라와 그분의 의'에 대하여, 율법(사람)의 행위가 아닌 그리스도의 속량에 대한 믿음을 통해 완전하게 이루고자 오셨다는 말씀이다.

다시 말해 율법의 마침이 되시고자 자신의 몸을 온 인류를 위한 죄의 대속물로 주실 것에 대한 암시로서, 얼마 후에 친히 단번의 희생 제사를 드리고 부활하사 이를 믿는 모든 자들에게 죄사함의 은혜를 주시려고 성령을 보내심으로써 율법이 완성되었다. 그래서 온 인류는 사람의 행위가 아닌, 오직 그리스도의 속량을 믿을 때 하나님의 의를 거저 얻으므로 거듭나 영생의 구원에 이르게 된 것이다.

내가 율법이나 선지자를 폐하러 온 줄로 생각하지 말라 폐하러 온 것이 아니요 완전하게 하려 함이라 (마 5:17)

죄를 깨닫도록 초등교사로서 주신 율법의 본질은 마음으로 미워해도 살인이요, 남의 것을 탐해도 도둑질이요, 여자를 보고 음욕을 품어도 간음에 속한다. 그래서 율법으로는 죄를 깨달을 뿐, 누구든지 자기의 행위로 하나님께서 보시기에 오롯이 의에 이를 수 없다.[151] 결국 사람의 행위로는 천국에 들어갈 수 없으며, 오직 그리스도의 속량을 믿음으로써 성령의 인침을 받고 은혜로 하나님의 의를 얻어 새 생명으로 거듭날 때만 가능한 것이다.

이렇듯 하나님이 원하시는 의, 곧 천국에 들어가기에 합당한 수준의 의는 율법의 행위로는 절대 이를 수 없는 높은 수준의 의다.[152] 즉, 형제와 항상 화목하고, 음란을 떠난 청결한 마음과 악한 자를 대적하지 않고 오른뺨을 때리면 왼뺨을 내밀며, 속옷을 달라 하면 겉옷까지 내어 주고, 억지로 오 리를 가기 원할 때 십 리를 동행하고, 구하는 자에게 거절하지 말며, 원수를 사랑하고, 박해하는 자를 위해 기도하는 것 등이다.

따라서 예수께서 친히 십자가 위에서 드리신 대속의 제사가 없었다면, 죄로 점철된 인간의 영혼이 영벌에 처해질 수 밖에 없었다. 온 인류의 구원을 위해, 율법의 마침이 되신 그리스도의 속량을 믿음으로써 거저 얻어지는 하나님의 의가 누구에게나 절대적으로 필수불가결한 요소인 것이다. 그러므로 예수께서는 제자들에게 너희 의가 율법에 정통한 서기관과 바리새인의 의보다 낫지 못하면 천국에 이르지 못함을 비유적으로 강조하셨다.

> 내가 너희에게 이르노니 너희 의가 서기관과 바리새인보다 더 낫지 못하면 결코 천국에 들어가지 못하리라　　　　　　　　　　(마 5:20)

151　롬 3:20 "그러므로 율법의 행위로 그의 앞에 의롭다 하심을 얻을 육체가 없나니 율법으로는 죄를 깨달음이니라"
　　　마 5:48 "그러므로 하늘에 계신 너희 아버지의 온전하심과 같이 너희도 온전하라"
152　마 23:27 "화 있을진저 외식하는 서기관들과 바리새인들이여 회칠한 무덤 같으니 겉으로는 아름답게 보이나 그 안에는 죽은 사람의 뼈와 모든 더러운 것이 가득하도다"

2) 먼저 하나님 나라와 그분의 의를 구하라

사람은 영과 혼과 몸으로 이루어져 있으며, 대부분 일백 년이 채 못 되는 삶으로 이 세상에서의 짧은 생을 마감한다. 따라서 입으로 부정하는 자가 있다고 할지라도, 누구에게나 인생에 있어서 영원한 세계에 이르는 사후 영혼의 구원의 문제보다 더 중요한 것은 없다고 아무리 강조해도 지나치지 않을 것이다.

하나님께서는 온 인류를 사랑하사 이 중차대한 구원의 문제 해결을 위해 독생자 예수 그리스도를 이 땅에 보내셨다. 이에 따라 그분이 제자들에게 가르쳐주신 산상보훈을 통해, 하나님께서 인류에 대한 구원의 완성을 이루어 나가는 위대하신 경륜을 헤아려 볼 수 있다.

이와 관련하여 아래의 마태복음 6:9-13절 주님의 기도와 더불어 이어지는 6:31-33절의 말씀에 대해, 밑줄을 중심으로 시의적, 통전적 시각에서 살펴본다.

> 그러므로 너희는 이렇게 기도하라 하늘에 계신 우리 아버지여 이름이 거룩히 여김을 받으시오며 나라가 임하시오며 뜻이 하늘에서 이루어진 것 같이 땅에서도 이루어지이다 오늘 우리에게 <u>일용할 양식</u>을 주시옵고 우리가 우리에게 죄 지은 자를 사하여 준 것 같이 우리 죄를 사하여 주시옵고 우리를 시험에 들게 하지 마시옵고 다만 악에서 구하시옵소서 (나라와 권세와 영광이 아버지께 영원히 있사옵나이다 아멘)
> (마 6:9-13)

> 그러므로 염려하여 이르기를 무엇을 먹을까 무엇을 마실까 무엇을 입을까 하지 말라 이는 다 이방인들이 구하는 것이라 너희 하늘 아버지께서 이 모든 것이 너희에게 있어야 할 줄을 아시느니라 그런즉 너희는 <u>먼</u>

저 그의 나라와 그의 의를 구하라 그리하면 이 모든 것을 너희에게 더하시리라 (마 6:31-33)

본문의 기도들을 가르치신 시기는, 그리스도의 대속을 위한 단번의 제사, 곧 율법의 마침이 되기 전인 상황이었다. 바꾸어 말해 하나님의 거룩하신 뜻이 온 인류가 영생에 이르기를 원하시기에, 예수께서 하늘에서처럼 땅에서도 죄사함이 이루어져 하나님의 나라가 임재하기를 간절히 바라시는 시기였던 것이다.

여기서 우리가 먼저 주목해야 할 점은 하나님 나라와 그분의 의義와 더불어 죄사함은 '성령' 안에서 이루어진다는 사실이다.[153] 그러므로 당시 예수께서 보시기에 제자들에게 가장 필요한 것은, 그들이 구원을 얻을 수 있도록 무엇보다 죄사함을 위해 하나님 나라와 그분의 의를 구함으로써 성령을 받아야만 했다.

이를 위해 밑줄 친 '먼저 그의 나라와 그의 의를 구'하면 빵을 비롯한 세상에서 필요한 모든 것들까지 더해 주시지만, 단지 세상적인 것들을 구한다면 이방인들이 구하는 행태로서 하나님의 뜻에 반하여 적절하지 않은 기도가 된다. 따라서 주님의 기도 가운데 '일용할 양식'은 육적 양식이 아닌 그리스도의 부활·승천하신 후에 하늘 아버지께서 보내주실 영적 생명의 양식인 성령을 비유하신 것이다.[154]

이 성령(좋은 것)으로 인해, 인류가 율법의 궁극의 목표인 하나님

---

153 롬 14:17 "하나님의 나라는 먹는 것과 마시는 것이 아니요 오직 성령 안에 있는 의와 평강과 희락이라"
154 마 7:11 "너희가 악한 자라도 좋은 것으로 자식에게 줄 줄 알거든 하물며 하늘에 계신 너희 아버지께서 구하는 자에게 좋은 것으로 주시지 않겠느냐"
눅 11:13 "너희가 악할지라도 좋은 것을 자식에게 줄 줄 알거든 하물며 너희 하늘 아버지께서 구하는 자에게 성령을 주시지 않겠느냐 하시니라"

나라와 그분의 의를 얻으며 동시에 죄사함을 받고 거듭나 구원에 이르게 하고, 육적인 것들까지 얻도록 하시겠다는 하나님의 거룩하신 뜻이 있다.

이들에 대한 이해를 더하기 위해, 현세적이요, 기복적인 무엇을 먹을까 무엇을 입을까 염려하지 말고 우리가 먼저 구해야 할 '그의 나라와 그의 의', 즉 '하나님 나라와 그분의 의'에 대한 의미를 좀 더 살펴볼 필요가 있겠다.

먼저 '하나님의 나라'는 육안으로 볼 수 있게 오는 것이 아니라 영안으로 느낄 수 있도록 그리스도의 구속을 믿는 자들이 죄사함을 얻고 성령을 보증으로 받을 때 우리 심령에 이루어지는 것을 말한다.[155]

> 바리새인들이 하나님의 나라가 어느 때에 임하나이까 묻거늘 예수께서 대답하여 이르시되 하나님의 나라는 볼 수 있게 임하는 것이 아니요 또 여기 있다 저기 있다고도 못하리니 하나님의 나라는 너희 안에 있느니라 (눅 17:20-21)

> 하나님의 나라는 먹는 것과 마시는 것이 아니요 오직 성령 안에 있는 의와 평강과 희락이라 (롬 14:17)

또한 예수께서 '물과 성령'으로 거듭나야 하나님 나라에 들어갈 수 있다고 말씀하신 바,[156] 이때 물은 육체를 비유하는 것으로 읽

---

[155] 갈 3:14 "이는 그리스도 예수 안에서 아브라함의 복이 이방인에게 미치게 하고 또 우리로 하여금 믿음으로 말미암아 성령의 약속을 받게 하려 함이라"
행 2:38 "베드로가 이르되 너희가 회개하여 각각 예수 그리스도의 이름으로 세례를 받고 죄 사함을 받으라 그리하면 성령의 선물을 받으리니"
[156] 요 3:5-6 "예수께서 대답하시되 진실로 진실로 네게 이르노니 사람이 물과 성

혀진다.[157] 이는 우리가 성령 안에서 새 생명으로 거듭나며, 아울러 우리의 육체가 부활하신 그리스도의 몸처럼 변화를 받아야 하늘 아버지의 존전에 설 수 있기 때문이다. 따라서 하나님 나라는, 현세에 그리스도의 구속을 믿는 성도들의 마음에 이루어지며 또 우리의 영혼이 내세에 영생하게 될 천국을 가리키는 이중적 의미가 있다.

그리고 바울은 구원에 필요한 '하나님의 의義'에 대해서 "네가 만일 네 입으로 예수를 주로 시인하며 또 하나님께서 그를 죽은 자 가운데서 살리신 것을 네 마음에 믿으면 구원을 받으리라 사람이 마음으로 믿어 의義에 이르고 입으로 시인하여 구원에 이르느니라"(롬 10:9-10)고 말한다.

이처럼 하나님께서 바라시는 의는, 인류의 죄를 대신 짊어지고 죽으셨다 살아나신 그리스도를 우리가 마음에 믿을 때 전가됨에 따라 얻는다. 자기의 의가 아닌[158] 성령 안에 이루어지는 하나님의 의로서, 우리가 죄사함(거듭남)을 얻고 하나님의 은혜로 누구나 차별 없이 구원(영생)에 이르는 것이다.

구약시대에 이스라엘 백성이 율법의 행위를 통해 얻는 것은 자기의 의였다. 하지만 그들에게 필요한 구원의 절대적 요건은, 전술한 대로 예수께서 온 인류의 죄짐을 대신 짊어지고 죽으셨다 살아나셨음을 단순한 지식이 아닌, 마음에 깨달아 믿음으로써 성령

령으로 나지 아니하면 하나님의 나라에 들어갈 수 없느니라 육으로 난 것은 육이요 영으로 난 것은 영이니"

157 요일 5:6 "이는 물과 피로 임하신 이시니 곧 예수 그리스도시라 물로만 아니요 물과 피로 임하셨고 증언하는 이는 성령이시니 성령은 진리니"

158 롬 10:2-3 "내가 증언하노니 그들이 하나님께 열심이 있으나 올바른 지식을 따른 것이 아니니라 하나님의 의를 모르고 자기 의를 세우려고 힘써 하나님의 의에 복종하지 아니하였느니라"

안에 거저 얻어지는 하나님의 의였던 것이다.

그러므로 예수께서 친히 십자가에 못 박히시고 부활·승천하사 성령을 보내오신 사건은, 인류 역사상 가장 큰 획으로서 이를 믿는 자들의 죄를 속량해 주심으로 구원의 문제를 해결해 주신 하나님의 경이롭고 위대하신 사랑의 증표였다.

> 하나님이 죄를 알지도 못하신 이를 우리를 대신하여 죄로 삼으신 것은 우리로 하여금 그 안에서 하나님의 의가 되게 하려 하심이라
> (고후 5:21)

> 모든 사람이 죄를 범하였으매 하나님의 영광에 이르지 못하더니 그리스도 예수 안에 있는 속량으로 말미암아 하나님의 은혜로 값 없이 의롭다 하심을 얻은 자 되었느니라
> (롬 3:23-24)

이렇듯 앞서 주님의 기도는, 한마디로 온 인류에게 필요한 일용할 생명의 양식이 될 성령을 간절히 구하라는 가르침이셨으며, 이는 십자가 위에서 드려진 그리스도의 단번의 희생 제사와 부활로 응답되었다.[159] 즉, 우리가 성령을 받음으로써 하나님 나라와 그분의 의가 이루어지고 죄사함과 더불어 영생을 얻게 된 것이다.

따라서 하나님의 뜻을 행하는 데 필요한 모든 것들을 목마른 자들에게 아낌없이 공급해 주시는 영적 양식으로서의 생수 같은 성

---

159 히 7:27 "그는 저 대제사장들이 먼저 자기 죄를 위하고 다음에 백성의 죄를 위하여 날마다 제사 드리는 것과 같이 할 필요가 없으니 이는 그가 단번에 자기를 드려 이루셨음이라"
골 2:12 "너희가 세례로 그리스도와 함께 장사되고 또 죽은 자들 가운데서 그를 일으키신 하나님의 역사를 믿음으로 말미암아 그 안에서 함께 일으키심을 받았느니라"

령을 보내주심으로 세상에서 필요한 모든 것들까지 모두 해결해 주셨다.[160] 그러므로 오늘날 한국 교회들에서 이미 응답을 받은 소위 주기도문을 중언부언 암송한 행태는 적절하지 않아 보인다.

결국 하나님의 놀라우신 아가페적 사랑으로 인해, 지금 우리는 오직 그리스도의 속량을 깨달아 믿으므로 하나님의 의를 값없이 얻어[161] 성령 안에서 의와 평강과 희락이 넘치는 하나님의 나라를 누리게 되었다. 이처럼 온 인류가 그리스도를 마음에 믿음으로 오직 은혜로 구원에 이를 수 있도록 다 이루신 하나님 아버지를 향해 내 영혼 깊은 곳에서 감사의 찬양이 절로 흘러나온다.[162] 할렐루야!

한편 바울은 "그러나 어리석은 변론과 족보 이야기와 분쟁과 율법에 대한 다툼은 피하라 이것은 무익한 것이요 헛된 것이니라 이단에 속한 사람을 한두 번 훈계한 후에 멀리하라"(딛 3:9-10)고 했다. 여기서 율법에 대한 다툼이란, 예수께서 단번의 제사로 다 이루사 율법의 마침이 되셨음에도, 이미 사문화된 율법을 기준(잣대)으로 사람의 행위에 대한 옳고 그름을 판단하고 다투는 것을 말한다.

언젠가 천주교 어느 고위 성직자가 '불교나 기독교나 관계없이 사람의 선한 행위로 구원을 얻는다'라고 말하는 것을 영상을 통해 듣고, 순간 내 귀를 의심했다. 그것은 그리스도의 복음 가운데 가장 본질적인 하나님의 의로서 구원에 이르는 것과 상충되는, 사람의 행위로 얻는 자기 의로서 구원을 얻는다는 의미로 다가왔기

---

160 앤드류 팔리, 『복음에 더할 것은 없다』, 153.
161 롬 3:22-24 "곧 예수 그리스도를 믿음으로 말미암아 모든 믿는 자에게 미치는 하나님의 의니 차별이 없느니라 모든 사람이 죄를 범하였으매 하나님의 영광에 이르지 못하더니 그리스도 예수 안에 있는 속량으로 말미암아 하나님의 은혜로 값 없이 의롭다 하심을 얻은 자 되었느니라"
162 요 19:30 "예수께서 신 포도주를 받으신 후에 이르시되 다 이루었다 하시고 머리를 숙이니 영혼이 떠나가시니라"

때문이다. 우리는 오직 그리스도의 속량을 믿음으로 하나님 나라
와 그분의 의를 은혜로 얻어 죄를 해결 받을 수 있다는 사실을 절
대 망각해선 안 되겠다.

> 그리스도의 은혜로 너희를 부르신 이를 이같이 속히 떠나 다른 복음을
> 따르는 것을 내가 이상하게 여기노라 (갈 1:6)

> 어리석도다 갈라디아 사람들아 예수 그리스도께서 십자가에 못 박히신
> 것이 너희 눈 앞에 밝히 보이거늘 누가 너희를 꾀더냐 내가 너희에게서
> 다만 이것을 알려 하노니 너희가 성령을 받은 것이 율법의 행위로냐 혹
> 은 듣고 믿음으로냐 (갈 3:1-2)

3) '좋은 것'을 주심

예수께서 "나더러 주여 주여 하는 자마다 다 천국에 들어갈 것
이 아니요 다만 하늘에 계신 내 아버지의 뜻대로 행하는 자라야 들
어가리라"(마 7:21)고 말씀하신 바, 여기서 '내 아버지의 뜻대로 행
하는 자'는 어떤 의미일까?

먼저 다음의 말씀에서 알 수 있듯이 '하나님의 뜻'은, 새 언약에
따라 그리스도의 단번의 제사로 이루실 죄로부터의 속량을 믿는
자들에게 거저 영생을 얻게 하시려는 것이다.[163] 따라서 '내 아버지
의 뜻대로 행하는 자'는, 하나님의 뜻에 따라 은혜로 주시는 구원

---

163 갈 3:10-11 "무릇 율법 행위에 속한 자들은 저주 아래에 있나니 기록된 바 누구
든지 율법 책에 기록된 대로 모든 일을 항상 행하지 아니하는 자는 저주 아래
에 있는 자라 하였음이라 또 하나님 앞에서 아무도 율법으로 말미암아 의롭게
되지 못할 것이 분명하니 이는 의인은 믿음으로 살리라 하였음이라"

의 약속을 믿으며, 예수께서 부활하여 하늘에 오르신 후에 생명의 양식으로 보내주시는 성령을 좇아 행하는 자들이라고 할 수 있다.[164]

> 나를 보내신 이의 뜻은 내게 주신 자 중에 내가 하나도 잃어버리지 아니하고 마지막 날에 다시 살리는 이것이니라 내 아버지의 뜻은 아들을 보고 믿는 자마다 영생을 얻는 이것이니 마지막 날에 내가 이를 다시 살리리라 하시니라 (요 6:39-40)

다시 말해 율법이 속한 죄와 사망의 길에서 벗어나, 하나님의 의를 거저 얻어 영생에 이르도록 하고자 그리스도를 단번의 희생 제사로 드림으로써 세우신 생명의 성령의 법을 따르는 자가 곧 하나님의 뜻을 행하는 자들이다. 이때 성령은 진리의 영이자 일용할 영적 양식으로서, 그리스도를 구주로 믿는 자들에게 생수처럼 필요를 공급해 주심으로 항상 우리를 고아와 같이 버려두지 않고 보살펴주시는 분이다.[165]

> 너희가 악할지라도 좋은 것을 자식에게 줄 줄 알거든 하물며 너희 하늘 아버지께서 구하는 자에게 **성령**을 주시지 않겠느냐 하시니라 (눅 11:13)

얼마 지나지 않아 예수께서 죽은 자 가운데서 부활 승천하신 후

---

164 갈 5:16 "내가 이르노니 너희는 성령을 따라 행하라 그리하면 육체의 욕심을 이루지 아니하리라"
165 요 14:16-18 "내가 아버지께 구하겠으니 그가 또 다른 보혜사를 너희에게 주사 영원토록 너희와 함께 있게 하리니 그는 진리의 영이라 세상은 능히 그를 받지 못하나니 이는 그를 보지도 못하고 알지도 못함이라 그러나 너희는 그를 아나니 그는 너희와 함께 거하심이요 또 너희 속에 계시겠음이라 내가 너희를 고아와 같이 버려두지 아니하고 너희에게로 오리라"

오순절에 성도들에게 성령, 곧 '좋은 것'을 보내주심으로써 하나님 나라와 그분의 의를 얻게 하셔서 율법을 완전하게 하셨다. 이는 사람이 행함으로 스스로 온전해질 수 없지만, 그리스도의 구속을 믿는 자들에게 모든 삶 속에서 성령을 좇아 살도록 인도해주심으로 앞서 가르치신 팔복과 더불어 높아진 율법의 요구를 이루게 하셨음을 시사한다.

> 너희가 악한 자라도 좋은 것으로 자식에게 줄 줄 알거든 하물며 하늘에 계신 너희 아버지께서 구하는 자에게 **좋은 것**으로 주시지 않겠느냐 그러므로 무엇이든지 남에게 대접을 받고자 하는 대로 너희도 남을 대접하라 이것이 율법이요 선지자니라 (마 7:11-12)

위에서 율법과 선지자들의 강령이 담긴 예수께서 무엇이든지 남에게 대접받고자 하는 대로 남을 대접하라고 하신 교훈은, 새 계명에 따라 성령을 좇아 살아감으로써 서로 사랑을 이루라는 뜻이 담겨있다. 그리스도의 구원 사역에 따라 부활 승천하여 보내주신 성령을 나의 양식이라 하셨으며 이 영적 양식으로 율법을 완전하게 하시고,[166] 이로써 상대방이 해주기를 바라는 대로 서로 사랑을 실천하는 것이 이른바 황금률인 것이다.

> 예수께서 이르시되 나의 양식은 나를 보내신 이의 뜻을 행하며 그의 일을 온전히 이루는 이것이니라 (요 4:34)

결론적으로 '하나님의 뜻대로 행하는 자'는 첫째 것인 율법에서 벗어나 둘째 것, 곧 새 언약에 따라 그리스도의 단번의 제사와 부

---

166 마 6:11 "오늘 우리에게 일용할 양식을 주시옵고"

활로써 영원한 죄사함을 이루신 일을 깨달아 믿는 성도들이다. 이들은 약속하신 성령(좋은 것)을 받아 하나님 나라와 그분의 의를 거저 얻은 거듭난 하나님의 자녀들로서, 생명의 성령의 법 체계 안에서 그리스도를 의지하며 율법의 완성품인 성령을 좇아 세상을 이기며 살아간다.[167]

> 위에 말씀하시기를 주께서는 제사와 예물과 번제와 속죄제는 원하지도 아니하고 기뻐하지도 아니하신다 하셨고 (이는 다 율법을 따라 드리는 것이라) 그 후에 말씀하시기를 보시소서 내가 하나님의 뜻을 행하러 왔나이다 하셨으니 그 첫째 것을 폐하심은 둘째 것을 세우려 하심이라 이 뜻을 따라 예수 그리스도의 몸을 단번에 드리심으로 말미암아 우리가 거룩함을 얻었노라   (히 10:8-10)

히브리서 기자는 "또 주께서 이르시되 그 날 후에 내가 이스라엘 집과 맺을 언약은 이것이니 내 법을 그들의 생각에 두고 그들의 마음에 이것을 기록하리라 나는 그들에게 하나님이 되고 그들은 내게 백성이 되리라"(히 8:10)고 하였다. 여기서 하나님께서 율법 대신 새 언약에 따라 믿는 자들의 마음에 성령을 인치심으로 자신의 백성을 삼아 인도하시는 것을 읽을 수 있다.

이처럼 새 언약 아래서 율법과 성령은 항상 충돌하므로 신약시대를 살아가는 우리 그리스도인들은 율법에 대하여 죽어야 한다. 그리고 오직 성령을 좇아 살아갈 때, 생명의 성령의 법에 속한 자들로서 하나님에 대하여 살 수 있는 것이다.[168]

---

167 요일 5:4-5 "무릇 하나님께로부터 난 자마다 세상을 이기느니라 세상을 이기는 승리는 이것이니 우리의 믿음이니라 예수께서 하나님의 아들이심을 믿는 자가 아니면 세상을 이기는 자가 누구냐"
168 갈 5:17-18 "육체의 소욕은 성령을 거스르고 성령은 육체를 거스르나니 이 둘

바꾸어 말해 죄와 사망의 길인 율법(사람)의 행위로 의를 얻을 수 없으므로, 그리스도의 속량을 오직 마음에 믿음으로 하나님의 의를 거저 얻게 하여 살리시는 하나님의 거룩하신 뜻에 오롯이 순종하는 것이 참생명의 길이다.

그러므로 첫째 것인 율법의 행위를 통해 의를 이루려는 자들은 모래 위에 집을 짓는 어리석은 자들이다. 반면 둘째 것인 세 언약에 따라 그리스도의 대속하심을 믿음으로 하나님의 의를 은혜로 얻은 자들은 반석 위에 집을 지어 생명의 문으로 들어가는 지혜로운 자들이다.[169] 이들에게 성령이 인쳐짐으로써 그리스도의 터 위에 흔들리지 않는 견고한 집을 짓고 사탄을 이기며 살아갈 수 있는 것이다.

> 그러므로 누구든지 나의 이 말을 듣고 행하는 자는 그 집을 반석 위에 지은 지혜로운 사람 같으리니 (마 7:24)

> 나의 이 말을 듣고 행하지 아니하는 자는 그 집을 모래 위에 지은 어리석은 사람 같으리니 (마 7:26)

현재 한국의 많은 교회들은 율법에 속한 십일조를 바침으로 복을 받고 의인이 되는 것처럼 은연중 강조함으로써 복음과는 거리가 먼 율법주의적 사고의 침륜에 빠져 있다. 그래서 성도들이 구원의 확신을 갖지 못하고 스스로 죄인화 양상이 되어가는 것으로

이 서로 대적함으로 너희가 원하는 것을 하지 못하게 하려 함이니라 너희가 만일 성령의 인도하시는 바가 되면 율법 아래에 있지 아니하리라"

[169] 마 7:13-14 "좁은 문으로 들어가라 멸망으로 인도하는 문은 크고 그 길이 넓어 그리로 들어가는 자가 많고 생명으로 인도하는 문은 좁고 길이 협착하여 찾는 자가 적음이라"

보여진다.

　이것들은 예수께서 바리새인과 사두개인들의 누룩(교훈)을 주의하라고 하신 말씀에 나타나듯이, 새 포도주(성령)를 낡은 부대(율법)에 담음으로써 발생하는 현상의 일환이다.[170] 따라서 우리 교회들은 율법에 대하여 죽고 그리스도의 속량을 믿음으로 말미암아 소생하며 일용할 영적 양식인 성령을 좇아 사는 것이 하나님의 기쁘신 뜻임을 확실히 깨달아야 한다.[171]

　사람은 누구든지, 아담이 선악과를 먹음으로 우리 몸에 들어와 거하는 죄로 인해 나약하여 이기지 못하고 악을 행할 수 있다. 이때는 사도 요한이 "만일 우리가 우리 죄를 자백하면 그는 미쁘시고 의로우사 우리 죄를 사하시며 우리를 모든 불의에서 깨끗하게 하실 것이요"(요일 1:9)라고 했듯이, 미쁘신 하나님께 자백하고 회개함으로 거기서 빠져나와 신속히 평안을 회복해야 한다.

　불경건할지라도 그리스도의 속량을 마음에 믿음으로 깨끗함을 얻어 구원에 이르지만, 모든 성도들의 행실은 첫째 생명의 부활 후에 그리스도의 심판대에서 선악 간에 계수된다. 그래서 그리스도와 함께 면류관을 쓰고 왕 노릇 하는 천년왕국 시대에 누리는 상급으로 이어질 것으로 보인다.[172]

---

[170] 마 16:11-12 "어찌 내 말한 것이 떡에 관함이 아닌 줄을 깨닫지 못하느냐 오직 바리새인과 사두개인들의 누룩을 주의하라 하시니 그제서야 제자들이 떡의 누룩이 아니요 바리새인과 사두개인들의 교훈을 삼가라고 말씀하신 줄을 깨달으니라"

[171] 갈 2:19 "내가 율법으로 말미암아 율법에 대하여 죽었나니 이는 하나님에 대하여 살려 함이라"
빌 2:13 "너희 안에서 행하시는 이는 하나님이시니 자기의 기쁘신 뜻을 위하여 너희에게 소원을 두고 행하게 하시나니"

[172] 계 3:11 "내가 속히 오리니 네가 가진 것을 굳게 잡아 아무도 네 면류관을 빼앗지 못하게 하라"

이후에 성도들은 그리스도의 신부로서 세상 어떤 고운 빛보다 더 찬란하고 아름다운 영생복락의 세계인 새 예루살렘 성, 곧 하나님께서 친히 다스리시는 천국에 입성한다. 이와 대조적으로 끝까지 그리스도의 속량을 믿지 않음으로써 하나님의 뜻에 순종하지 않은 불신자들은, 천년왕국이 지나고 둘째 심판의 부활 시에 이른바 백보좌白寶座 심판에서 영벌로 꺼지지 않는 불 속에 던져질 것이다.[173]

주께서 호령과 천사장의 소리와 하나님의 나팔 소리로 친히 하늘로부터 강림하시리니 그리스도 안에서 죽은 자들이 먼저 일어나고 그 후에 우리 살아 남은 자들도 그들과 함께 구름 속으로 끌어 올려 공중에서 주를 영접하게 하시리니 그리하여 우리가 항상 주와 함께 있으리라 그러므로 이러한 말로 서로 위로하라 (살전 4:16-18)

아담 안에서 모든 사람이 죽은 것 같이 그리스도 안에서 모든 사람이 삶을 얻으리라 그러나 각각 자기 차례대로 되리니 먼저는 첫 열매인 그리스도요 다음에는 그가 강림하실 때에 그리스도에게 속한 자요 그 후에는 마지막이니 그가 모든 통치와 모든 권세와 능력을 멸하시고 나라를 아버지 하나님께 바칠 때라 그가 모든 원수를 그 발 아래에 둘 때까지 반드시 왕 노릇 하시리니 맨 나중에 멸망 받을 원수는 사망이니라 (고전 15:22-26)

---

[173] 계 20:11-15 "또 내가 크고 흰 보좌와 그 위에 앉으신 이를 보니 땅과 하늘이 그 앞에서 피하여 간 데 없더라 또 내가 보니 죽은 자들이 큰 자나 작은 자나 그 보좌 앞에 서 있는데 책들이 펴 있고 또 다른 책이 펴졌으니 곧 생명책이라 죽은 자들이 자기 행위를 따라 책들에 기록된 대로 심판을 받으니 바다가 그 가운데에서 죽은 자들을 내주고 또 사망과 음부도 그 가운데에서 죽은 자들을 내주매 각 사람이 자기의 행위대로 심판을 받고 사망과 음부도 불못에 던져지니 이것은 둘째 사망 곧 불못이라 누구든지 생명책에 기록되지 못한 자는 불못에 던져지더라"

VI

십일조의 폐해와 합당한 연보

어떤 자들은 지금도, 그리스도의 속량으로 인해 이미 옛 법이 되어버린 구약시대의 산물인 십일조를 바쳐야 복을 받는 것처럼 주장한다. 이는 예수께서 십자가 위에서 단번의 희생 제사를 드리사 율법의 마침이 되신 이후 성령을 좇아 살아감으로써 참복을 얻는 진리를 훼방하는 행태다. 또 성도들의 그리스도의 복음에 대한 분별력과 영을 점차 흐리게 함으로 성령과의 실질적 동행을 약화시키고 결국 사탄을 좇게 만든다. 그래서 신약시대에 무익해진 율법에서 벗어나지 못해 교회들의 누룩이 되고 있는 십일조의 폐해와 더불어 하나님께서 기뻐하시는 성경적 의미의 합당한 연보에 대해 역사적 관점에서 고찰해 본다.

1. 누룩을 경계하신 그리스도

1) 십일조는 그리스도의 예표

전술한 대로 전쟁에서 이기고 돌아온 아브라함이 평강의 왕 멜기세덱에게 전리품의 십분의 일을 나눠주고 축복을 받았다.[174] 그리고 말라기서를 통해, 이스라엘 백성들이 율법에 따라 온전한 십일조를 바칠 때 하늘 문을 열어 쌓을 곳이 없도록 복을 주셨던 것은 하나님의 경륜에 따른 거룩하신 뜻이었음을 알 수 있다.

이처럼 죄와 사망의 법이 주관했던 구약시대에, 하나님께 대한 경외심과 더불어 모든 주권을 인정함으로 아브라함과 레위가 바쳤던 십일조는 예수께서 초림하시기 전까지 복의 기준이 되었었다. 그리고 이는 하나님과 아브라함 사이의 언약의 표징으로 행해진 할례와[175] 더불어, 생명의 성령의 법으로 신약시대를 인도하시기 위해 주권자로서 오실 그리스도를 예표하는 것이었다.

하나님께서는 인류에 대한 구원의 때가 이르매, 우리의 심령에 하나님의 의義로써 주권을 이루시고자 독생자 그리스도를 이 세상에 보내셨다. 예수께서 죄로부터의 구속을 믿는 자들을 구원하시려고 친히 십자가 위에서 단번의 제사로 희생의 제물이 되신 것

---

[174] 창 14:19-20 "그가 아브람에게 축복하여 이르되 천지의 주재이시요 지극히 높으신 하나님이여 아브람에게 복을 주옵소서 너희 대적을 네 손에 붙이신 지극히 높으신 하나님을 찬송할지로다 하매 아브람이 그 얻은 것에서 십분의 일을 멜기세덱에게 주었더라"

[175] 창 17:10-11 "너희 중 남자는 다 할례를 받으라 이것이 나와 너희와 너희 후손 사이에 지킬 내 언약이니라 너희는 포피를 베어라 이것이 나와 너희 사이의 언약의 표징이니라"

이다.

그리고 예수께서 무덤에서 부활 승천하신 후에, 새 언약에 따라 이를 믿는 자들에게 그리스도의 영, 곧 성령으로 실제 찾아오사 하나님 나라와 그분의 의를 얻게 하셨다. 이로써 성도들의 육체를 성전 삼아 우리의 심령에 거하심으로써 하나님의 모든 주권을 성취하시고 율법을 완전하게 하셨기에. 결국 십일조와 할례를 비롯한 구약시대의 율법 체계는 사실상 무익해졌다.

따라서 아브라함부터 시작된, 율법에 속한 할례와 십일조는 둘 다 하나님이 이루시려는 구원의 계획에 따라 오실 그리스도에 대한 그림자에 불과하다. 이제는 죽은 자 가운데 살리신 하나님의 역사를 믿는 자들의 죄를 속량하사 구원을 이루신 그리스도의 복음과는 거리가 먼 율법의 표징들일 뿐이다.[176] 게다가 각종 감언이설로 십일조를 주장하는 것은 어불성설이요, 하나님과 자기와 많은 성도들을 속이는 일이다.

이런 자들은 어린 양으로 오신 예수께서 고난받으신 십자가 아래서 다시 양을 잡고 있는 양상이다. 그들은 오직 그리스도의 구속을 믿음에 따라 은혜로 얻어지는 하나님의 의를 온전히 믿지 못하는 자기 뱃속이 신인 자들로서, 그리스도 복음의 진리를 경시하는 자신을 되돌아보아야 한다.

---

[176] 골 2:12-15 "너희가 세례로 그리스도와 함께 장사되고 또 죽은 자들 가운데서 그를 일으키신 하나님의 역사를 믿음으로 말미암아 그 안에서 함께 일으키심을 받았느니라 또 범죄와 육체의 무할례로 죽었던 너희를 하나님이 그와 함께 살리시고 우리의 모든 죄를 사하시고 우리를 거스르고 불리하게 하는 법조문으로 쓴 증서를 지우시고 제하여 버리사 십자가에 못 박으시고 통치자들과 권세들을 무력화하여 드러내어 구경거리로 삼으시고 십자가로 그들을 이기셨느니라"

그 안에서 발견되려 함이니 내가 가진 의는 율법에서 난 것이 아니요 오직 그리스도를 믿음으로 말미암은 것이니 곧 믿음으로 하나님께로부터 난 의라 (빌 3:9)

내가 여러 번 너희에게 말하였거니와 이제도 눈물을 흘리며 말하노니 여러 사람들이 그리스도의 십자가의 원수로 행하느니라 그들의 마침은 멸망이요 그들의 신은 배요 그 영광은 그들의 부끄러움에 있고 땅의 일을 생각하는 자라 (빌 3:18-19)

우리는 하나님의 진실하신 아가페적 사랑과 은혜로 죄와 사망의 법에서 해방되었으며, 새 생명으로 거듭나 모든 주권을 가지신 성령을 좇아 평강 속에 살아감으로 누릴 수 있는 참된 자유와 복을 얻게 되었다. 예수께서 산 제사로 율법을 완성하셔서 그 마침이 되셨으므로, 본체이신 그리스도의 모형이자 그림자에 불과한 한시적인 율법에 따른 제사 체계는 이제 쓸모가 없어진 것이다.

하지만 아직도 많은 개신교 교회들은 형편에 맞게 자원하여 내야 할 연보에 대해 시대착오적인 율법에 속한 십일조를 의무적으로 바치게 함으로써, 하나님과 성도들과의 친밀한 교제를 방해하고 있다. 또한 가톨릭교회들은 사제들 앞에서 율법시대에 제사장에 고했던 이른바 고해성사를 하게 함으로써, 모든 성도가 왕 같은 제사장이 되어 하나님 앞에 직접 나아갈 수 있는 은총을 거스르는 형국이다.

이것들은 모두 예수께서 단번의 제사로 율법의 마침이 되셨음에도 이를 간과하고 다시 그 시대로 회귀하는 행태들이다. 이처럼 마땅히 벗어나야 할 죄와 사망의 법에 속한 율법적 요소들은 성령과 한집에 동거할 때 생명의 성령의 법을 거스르므로 충돌할 수밖에 없다. 그래서 교회들이 옛 율법을 좇는다면, 성령 안에서 감사와 기쁨으로 하나님께 나아가는 진정한 자유와 특권을 누리기 어려울 것으로 여겨진다.

신약시대에 있어 연보에 대한 하나님의 참뜻과 성경적 원리는, 획일적인 율법주의의 의무적 행태가 아닌 자원하여 수입에 따라 형편에 맞도록 인색하지 않게 기꺼이 드리는 것이요, 뿌린 대로 거두는 것이라고 할 수 있겠다. 구약시대의 많은 율법들 가운데 물질과 유관한 탓인지 십일조 제도만을 고집하는 것은, 그리스도의 복음에 대해 무지하거나 진리보다 교회재정 수입을 중시하고 있기 때문으로 보인다.

바울은 율법을 기준으로 다투는 자에 대해 무익하고 헛된 것이라고 하였다. 지나간 구법이었던 한시적 율법에 속한 십일조에 대해, 어느 이단 교주는 이를 행하지 않으면 하나님의 것을 도둑질하므로 저주를 받는다고 겁박을 한다.(본 장의 3) 교회들의 누룩이 된 십일조 편 참고) 한국 교회의 목회자들은 이와 유사한 언행을 함으로써, 우리 안에 하나님의 주권을 완성하시고자 본체로서 오신 그리스도의 영이신 성령을 속이고 교인들과 스스로를 정죄하고 있지 않은지 자기 양심을 들여다보고 회개해야 할 것이다.

> 그러나 어리석은 변론과 족보 이야기와 분쟁과 율법에 대한 다툼은 피하라 이것은 무익한 것이요 헛된 것이니라 이단에 속한 사람을 한두 번 훈계한 후에 멀리하라 이러한 사람은 네가 아는 바와 같이 부패하여 스스로 정죄한 자로서 죄를 짓느니라   (딛 3:9-11)

2) 파기된 율법의 십일조

예수께서 "내가 율법이나 선지자를 폐하러 온 줄로 생각하지 말라 폐하러 온 것이 아니요 완전하게 하려 함이라"(마 5:17)고 하셨다. 이 말씀은 율법의 본질이나 선지자들이 예언하는 바를 폐하려는 것이 아니라 그 목적을 완성하기 위해 오셨다는 뜻이다.

즉, 율법이나 선지자들의 강령의 궁극의 목표인 하나님 나라와 그분의 의에 대하여 레위 계통의 제사 직분으로는 온전함을 이룰 수 없었으므로, 예수께서 친히 단번의 희생 제사를 통해 모든 믿는 자들에게 이를 얻게 하겠다는 선언적 예언이셨다. 따라서 그 목적이 달성된 신약시대에 율법 체계나 선지자들의 예언은 사실상 무의미하다.

얼마 후 그리스도의 보혈로 단번의 희생 제사를 드리고 부활하심으로써, 우리는 오직 이를 믿으므로 은혜의 풍성함을 따라 속량, 곧 죄사함을 얻게 되었다.[177] 모세를 통해 첫 언약으로 주신 율법은 죄를 깨닫도록 주셨지만 불완전한 사망의 길이요, 이제 새 언약에 따라 그리스도의 대속의 역사로 하나님 나라와 그분의 의를 거저 얻게 하신 믿음의 법이 영원한 생명으로 인도하는 성령의 길인 것이다.

따라서 사람의 행위 대신 우리의 구주 되신 그리스도의 속량을 깨달아 믿을 때 우리 안에 찾아오시는 성령을 좇아 행함으로써 높아진 율법의 요구를 이루게 되었다. 예수께서 율법의 마침이 되시고 새 언약에 따라 더 좋은 것(성령)으로 대신하셨기에 이와 관련한 선지자들의 예언이나 무익해진 율법은 그 역할을 다한 것이다.

---

177 요 16:9 "죄에 대하여라 함은 그들이 나를 믿지 아니함이요"

전술한 대로 그리스도로 말미암아 완성되어 이미 폐기된 제사적 율법에 속했던 십일조 제도는 신약시대에 생명의 길로 인도하는 성령의 법을 거스르게 된다. 이는 오히려 예수께서 헐으셨던 율법을 다시 세움으로써 그리스도의 대속을 이루신 은혜의 사역에 반反하여 스스로를 범법자로 만든다.

> 만일 내가 헐었던 것을 다시 세우면 내가 나를 범법한 자로 만드는 것이라 (갈 2:18)

결국 그리스도의 단번의 제사와 부활로써 죄사함을 이루셨는 바,[178] 이미 파기된 율법에 속한 레위 지파의 기업이었던 십일조 제도를 다시 세우려는 것은, 그분의 죽음으로 이루신 생명의 성령의 법을 훼손하여 물타기하려는 사탄의 술책으로 보인다. 여기에 속하는 자들을 통해 죄와 사망의 길인 율법을 타고 죄가 살아남으로써 탐심을 이루는 각종 폐해가 생겨나기 때문이다.

한편 어떤 자들은 아브라함의 십일조는 율법 이전의 사건이므로 율법과 무관하니 바쳐야 한다고 말한다. 그러나 할례도 율법 이전인 아브라함부터 시작되어 율법시대까지 이어졌지만 물질과 관계가 없어서인지 이에 대해선 일체 함구한다. 이처럼 십일조 제도에 대한 그들의 위선적 주장은, 예수께서 다 이루사 오직 믿음으로 얻는 은혜의 구원과 상충되는 우스꽝스러운 허구적 논리요, 궤변이 아닐 수 없다.

그들의 주장과 달리, 히브리서 기자는 아브라함이 멜기세덱에

---

[178] 히 7:27 "그는 저 대제사장들이 먼저 자기 죄를 위하고 다음에 백성의 죄를 위하여 날마다 제사 드리는 것과 같이 할 필요가 없으니 이는 그가 단번에 자기를 드려 이루셨음이라"

게 십분의 일을 나누어줄 때 이미 레위가 그의 허리에 있었으며, 이 레위는 아브라함 안에서 십일조를 바친 것을 확실히 밝히고 있다.[179] 이는 하나님께서 그리스도를 보내시기까지 율법에 따라 제사를 담당할 레위를 예정하시고, 아브라함 안에서, 율법의 십분의 일을 계획하셨음을 시사한다. 따라서 아브라함의 십분의 일과 레위의 율법의 십일조는 본질적으로 같다고 할 수 있겠다.

할례와 십일조의 생애

〔표 Ⅵ-1〕

시기별		대상		특징
		할례	십분의 일 (십일조)	
구약 시대	아브라함	이삭	멜기세덱	레위가 아브라함 안에서 십분의 일을 바쳤으므로, 각각 바친 십분의 일은 동질적임(히 7:9-10)
	율법	유대인	레위 제사장, 레위 지파 등	
그리스도의 십자가 대속 이후		율법의 마침 (롬 10:4)		죄와 사망의 법에서 해방되어, 생명의 성령의 법이 인도함(롬 8:1-2)

이렇듯 하나님의 인류를 위한 구원의 경륜 가운데 십일조의 기원이 된 아브라함이 나누어준 십분의 일은, 율법에 따른 레위의

---

179 히 7:9-10 "또한 십분의 일을 받는 레위도 아브라함으로 말미암아 십분의 일을 바쳤다고 할 수 있나니 이는 멜기세덱이 아브라함을 만날 때에 레위는 이미 자기 조상의 허리에 있었음이라"

제사 체계를 앞둔 사전 포석의 일환이었다. 또한 그리스도의 속량으로 율법이 마침이 되어 생명의 성령의 법으로 인도하시기까지, 율법시대의 이스라엘 백성들에게 하나님을 경외하고 이웃 사랑을 가르치시기 위한 훈련의 서막이었다.

다시 말해 율법 체제의 제사를 담당하는 레위인들과 제사장, 그리고 이스라엘 백성의 자녀들과 노비, 객과 고아와 과부 등을 긍휼히 여기사 이스라엘 백성들을 가르치려는 원대한 계획이셨던 것이다.

혹자는 이러한 구약시대의 '십일조의 정신'을 곡해하여 신약시대에도 그 정신에 따라 최소한 십일조를 바쳐야 한다고 주장한다.(Ⅰ의 2. 십일조의 유래와 정신 편 참고) 그들은 모든 것이 하나님으로부터 왔으니 이를 고백하며 지금도 소득의 십일조를 바쳐야 한다고 말하지만, 아무리 고상하게 표현한다고 할지라도 결국 의무적, 획일적, 강요적인 우리가 경계해야 할 율법주의로의 회귀를 의미한다. 이때 그들은 그 기준으로 인해 율법처럼 죄가 기회를 타고 살아나 우리 안에 죄를 형성하게 됨을 알아야 한다.[180]

앞서 강조했듯이 예수께서 보내신 보혜사 성령이 친히 성도들의 심령에 찾아오사 하나님의 모든 주권을 완성하시고 죄로부터 참자유를 얻게 하셨다. 하나님의 은혜인 성령의 임재로 율법을 다 이루심으로써, 우리는 새 언약에 따라 죄와 사망의 법에서 해방되어 생명의 성령의 법을 좇아 이른바 십일조 정신인 하나님을 사랑하고 우리 이웃을 사랑하며 살아가도록 전환된 것이다.[181]

---

[180] 롬 7:8 "그러나 죄가 기회를 타서 계명으로 말미암아 내 속에서 온갖 탐심을 이루었나니 이는 율법이 없으면 죄가 죽은 것임이라"

[181] 롬 8:1-2 "그러므로 이제 그리스도 예수 안에 있는 자에게는 결코 정죄함이 없나니 이는 그리스도 예수 안에 있는 생명의 성령의 법이 죄와 사망의 법에서 너를 해방하였음이라"

따라서 그들의 주장은 사탄에 속아, 새 언약으로 이루신 생명의 성령의 법에 따라 우리 안에 하나님의 나라와 그분의 의가 이루어져 모든 율법에서 해방되었다는 사실을 망각한 소치다. 오히려 신약시대는 무익해진 율법에서 벗어나, 그리스도의 율법에 따라 하나님의 주권적인 성령을 좇아 살아가는 것이야말로 십일조의 정신을 온전히 따르는 길이라고 하겠다.

안타깝게도 아직도 한국 교회의 많은 목회자들은 십일조를 바쳐야 한다고 강변한다. 더 나아가 그래야 복을 받는다고 목청을 높이니, 사탄에 속한 이단, 사이비들은 그리스도의 복음과 괴리가 있는 그런 허점을 노리고 교회들에 파고든다. 그래서 십일조 무용론 등을 내세움으로써 그릇된 부분을 지적하며 교인들을 그들의 먹잇감으로 삼는다는 사실에 경각심을 가져야 한다.

교회 성도들은 폐기된 구법인 율법에 따라 죄와 사망의 길로 유혹하는 위선자들의 감언이설에 속지 않아야 한다. 만유의 주권이 되신 그리스도의 영이신 오직 생명의 성령의 법을 따라 행하는 것이 우리가 하나님의 거룩하신 뜻에 순종함으로써 세상을 이기며 살아갈 수 있는 유일한 길임을 명심해야 할 것이다.

3) 교회들의 누룩이 된 십일조

말라기 선지자는 "너희 곧 온 나라가 나의 것을 도둑질하였으므로 너희가 저주를 받았느니라 만군의 여호와가 이르노라 너희의 온전한 십일조를 창고에 들여 나의 집에 양식이 있게 하고 그것으로 나를 시험하여 내가 하늘 문을 열고 너희에게 복을 쌓을 곳이 없도록 붓지 아니하나 보라"(말 3:9-10)고 대언하였다.

이는 한마디로 율법시대였던 당시, 이스라엘 백성들이 십일조를 온전히 바치면 하나님께서 복을 넘치도록 주시겠다는 의미였다. 아직 율법 사회를 살아가는 유대인들이 체제 유지의 가장 중요한 근간이 되는 십일조를 소홀히 하므로 하나님의 것을 도둑질하였다고 책망하시며 보상적 성격의 복을 약속하신 것이었다.

우리는 항상 성경 말씀들에 대해 기록할 당시의 시제적, 문화적 배경에서 이해해야 한다. 이후 그리스도의 단번의 제사로 신약시대를 맞아 하나님의 구원의 계획에 따라 인류를 인도하시는 운영 체계가 모세의 율법에서 그리스도의 율법으로 바뀌었다.[182] 죄와 사망의 법의 시효가 지나 율법이 무익해져 폐지되고 생명의 성령의 법으로 새로이 전환된 것이다.

만일 율법이 마침이 되고 생명의 성령의 법 시대가 도래한 신약시대에도 구약시대의 율법을 그대로 적용한다면, 그릇된 교훈이 성도들의 신앙의 방향성에 큰 오류를 발생시켜 죄와 사망의 길을 걷게 할 수 있다. 그래서 바울은 고린도교회에 "너희는 누룩 없는 자인데 새 덩어리가 되기 위하여 묵은 누룩을 내버리라 우리의 유월절 양 곧 그리스도께서 희생되셨느니라"(고전 5:7)고 하였다.

여기서 '누룩'은 당시 외식을 일삼는 율법주의자들인 바래새인과, 헤롯왕을 비롯해 당시 상류층으로서 죽은 자의 부활을 부인하고 그리스도와 침례 요한을 배척한 자들인 사두개인의 그릇된 교훈을 비유한다. 그래서 그들의 잘못된 교훈이 고린도교회에 누

---

[182] 히 7:11 "레위 계통의 제사 직분으로 말미암아 온전함을 얻을 수 있었으면 (백성이 그 아래에서 율법을 받았으니) 어찌하여 아론의 반차를 따르지 않고 멜기세덱의 반차를 따르는 다른 한 제사장을 세울 필요가 있느냐"

룩처럼 번져 그리스도의 복음을 오염시킬 수 있으므로 내버리라는 뜻이다.

> 그제서야 제자들이 떡의 누룩이 아니요 바리새인과 사두개인들의 교훈을 삼가라고 말씀하신 줄을 깨달으니라 (마 16:12)

전술한 대로 율법시대는 십일조를 바침으로써 복을 얻었지만, 신약시대는 그리스도의 단번의 희생 제사로 율법을 다 이루사 패러다임이 전환되어 성령을 좇아 행함으로써 참복을 얻는다. 그러나 율법주의적 사고와 함께 부활을 믿지 않는 등 그릇된 사상이 온 세상에 전파될 그리스도의 복음을 침해할 수 있으므로, 예수께서는 이를 특별히 염려하여 제자들에게 주의해서 삼가라고 가르치셨던 것이다.[183]

오늘날 사탄은 이미 지나간 율법시대의 십일조를 바칠 때 복을 받는 것처럼 위장하여 성령 안에서 그리스도와의 실질적 동행을 하며 참복을 얻는 것을 훼방하는 역할을 한다. 그러므로 예수께서는 '성령과 율법'이 서로 융합할 수 없어 둘 다 버리게 되므로 새 포도주(성령)를 낡은 부대(율법)에 담지 말 것을 비유적으로 당부하셨다.[184] 교회들은 하나님과 멀어지게 하려는 사탄의 간교한 전략

---

183 막 8:15 "예수께서 경고하여 이르시되 삼가 바리새인들의 누룩과 헤롯의 누룩을 주의하라 하시니"
눅 12:1 "그 동안에 무리 수만 명이 모여 서로 밟힐 만큼 되었더니 예수께서 먼저 제자들에게 말씀하여 이르시되 바리새인들의 누룩 곧 외식을 주의하라"
눅 13:21 "마치 여자가 가루 서 말 속에 갖다 넣어 전부 부풀게 한 누룩과 같으니라 하셨더라"
184 마 9:17 "새 포도주를 낡은 가죽 부대에 넣지 아니하나니 그렇게 하면 부대가 터져 포도주도 쏟아지고 부대도 버리게 됨이라 새 포도주는 새 부대에 넣어야 둘이 다 보전되느니라"

에 속지 말아야 할 것이다.

그리스도의 희생으로 실로 감읍하신 사랑의 구원의 역사를 이루신 일을 우리는 오직 믿음으로 죄사함을 받고 의롭다 여김을 받는다. 그러나 아직도 돈을 사랑하는 삯꾼 목자(?)들은 온갖 이유를 붙여 율법에 속한 십일조를 바쳐야 복을 받는다고 강변을 한다. 탐심은 우상 숭배라고 하였다.[185] 돈을 사랑함이 일만 악의 뿌리요, 근원이 되며 물질과 하나님을 겸하여 섬길 수 없음을 교회들은 잊어서는 안 되겠다.

> 돈을 사랑함이 일만 악의 뿌리가 되나니 이것을 탐내는 자들은 미혹을 받아 믿음에서 떠나 많은 근심으로써 자기를 찔렀도다 (딤전 6:10)

한편 서기관과 대제사장들이 예수 그리스도를 시험하기 위해 가이사에게 세를 바치는 것이 옳은지를 묻는 질문에 "이르시되 그런즉 가이사의 것은 가이사에게, 하나님의 것은 하나님께 바치라 하시니"(눅 20:25)라고 대답하셨다. 이 또한 율법시대를 살아가고 있는 그들에게 하신 말씀으로, 율법 아래서 '하나님의 것'은 당연히 십일조를 포함한 모든 헌물들을 의미한다.

그러나 신약시대인 지금도 이 말씀을 인용하여 십일조는 '하나님의 것'이니 당연히 바쳐야 한다고 주장하는 것은, 죄와 사망의 길이었던 율법시대와 그리스도 단번의 제사 이후의 생명의 성령의 법 시대를 구분하지 못한 그릇된 행태다. 이처럼 오늘날 많은 한국 교회의 지도자들은, 죄와 사망의 길인 율법과 그리스도 이

---

185 골 3:5 "그러므로 땅에 있는 지체를 죽이라 곧 음란과 부정과 사욕과 악한 정욕과 탐심이니 탐심은 우상 숭배니라"

후의 생명의 성령의 법에 속한 복음을 뒤섞어 버리는 사례를 종종 보게 된다.

또한 성경에 대한 지식이 비교적 부족한 교인들을 상대로 설교를 하거나 기도 내용 등을 통해 십일조를 은연중 강요함으로써, 이른바 가스라이팅(?)하여 심리적으로 지배하는 현상이 팽배하다. 예수께서는 "그 때에 내가 그들에게 밝히 말하되 내가 너희를 도무지 알지 못하니 불법을 행하는 자들아 내게서 떠나가라 하리라"(마 7:23)고 하셨다. 따라서 아직도 율법에서 온전히 벗어나지 못했다면, 하나님 앞에 불충이요, 그분의 거룩하신 뜻을 헤아리지 못한 불법을 행하는 자에 속한다고 할 수 있다.

오늘날 한국 교회들이 율법주의적 사고에서 벗어나지 못하는 가장 큰 원인 중 하나는 십일조 제도 때문으로 보인다. 만유의 주인이신 그리스도의 진리보다 물질을 중히 여김으로써, 그것이 교인들을 영적으로 어둡게 하는 누룩이 되어 참생명의 빛으로 가는 길을 막고 있는 형국이라고 해도 과언이 아닐 것이다.

> 예수께서 이르시되 삼가 바리새인과 사두개인들의 누룩을 주의하라 하시니 (마 16:6)

이처럼 오늘날 교회들에 율법주의적인 십일조 제도가 만연함에 따라 양적으로 풍족해졌을지라도 영적으로는 궁핍해져 곤고한 것과 가련한 것과 가난한 것과 눈먼 것과 벌거벗은 것을 알지 못하는 것 같다.

따라서 목회자들은 자기가 섬기는 교회가 요한계시록에 등장하는 마지막 일곱 번째의 라오디아교회처럼 물질적으로는 풍부해졌으나 영안이 어두워 진실을 못 보고 있지 않은지 깊이 성찰하고 회개해야 한다. 오직 그리스도, 오직 믿음, 오직 은혜, 오직 성경이라는 구호를 앵무새와 같이 입으로만 외치는 교회가 아닌지 되돌아봐야 할 때인 것이다.

> 네가 말하기를 나는 부자라 부요하여 부족한 것이 없다 하나 네 곤고한 것과 가련한 것과 가난한 것과 눈 먼 것과 벌거벗은 것을 알지 못하는도다 내가 너를 권하노니 내게서 불로 연단한 금을 사서 부요하게 하고 흰 옷을 사서 입어 벌거벗은 수치를 보이지 않게 하고 안약을 사서 눈에 발라 보게 하라 (계 3:17-18)

히브리서 기자는 "후에 말씀하시기를 보시옵소서 내가 하나님의 뜻을 행하러 왔나이다 하셨으니 그 첫째 것을 폐하심은 둘째 것을 세우려 하심이라 이 뜻을 따라 예수 그리스도의 몸을 단번에 드리심으로 말미암아 우리가 거룩함을 얻었노라"(히 10:9-10)고 하였다.

이때 첫째 것은 율법의 행위로 의를 이루려는 것으로 사람이 스스로 도저히 완성할 수 없는 죄와 사망의 길이기에 폐하시려는 것이다. 다시 둘째 것을 세우심은 그리스도의 속량을 믿는 자들의 마음에 하나님 나라와 그분의 의를 다 이루시고 내주하시는 성령을 통해 친히 생명의 길로 인도하시려는 신묘막측하고 거룩하신 하나님의 뜻이 계시기 때문이다. [186]

따라서 이미 폐해진 제사적 율법에 속한 십일조를 주장하는 행태는 생명의 성령의 법에 반反하므로, 하나님의 거룩하신 뜻을 훼

---

186 신 22:9 "네 포도원에 두 종자를 섞어 뿌리지 말라 그리하면 네가 뿌린 씨의 열매와 포도원의 소산을 다 빼앗길까 하노라"

방하며 교회를 처음 찾아 나오는 신자들을 향한 복음의 빛을 차단시킬 수 있다. 또 의무적 요소를 내포하며 암묵적으로 강요하다시피 하므로 바치지 않는 자들이 심리적으로 위축이 되고, 바치는 자 또한 참복음 안에서 영적으로 바르게 성장하지 못하고 기형적 신앙인이 되기 쉽다.

이로 인해 사탄이 바라는 대로, 성도와 하나님과의 진정한 화평이 깨지고 교회 공동체들은 병들어 가고 있다. 교회들의 누룩이 되어 하나님과 성도들과의 친밀한 사랑의 밀월(교제) 관계를 점점 멀어지도록 만드는 장본인이, 의무적인 십일조를 주장하는 율법주의적 목회자들이라는 사실을 그들은 깊이 자각해야 한다.

그러므로 성경적 원리대로, 새 언약 아래 신약시대에서의 새 계명인 서로 사랑하라는 기조 가운데, 수입에 따라 형편에 맞도록 인색하지 않게 준비하는 연보는 억지가 아니라 자율적이어야 한다. 이는 하나님께서 형통하게 하신 대로 이웃의 어려운 자, 가난한 자, 복음 사역자 등을 위해 선한 양심에 따라 오히려 감사하며 자원함으로 기쁘게 내야 하는 것이다.

그리스도의 구속을 믿음으로 거저 얻는 하나님의 의로서 거듭나 영생의 구원에 이른다. 하지만 사탄에 속아 율법적 사고에서 벗어나지 못한다면 자기의 행위로 의를 이루어 의인이 되는 것처럼 착각과 혼돈을 가져오기 쉽다. 교회들은 성령을 따라 행하는 그리스도의 거룩한 진리에 반해, 율법에 따른 십일조 제도가 누룩이 되어 교회를 점점 혼탁케 함으로써 성령을 거스르게 된다는 점을 결코 간과해선 안 될 것이다.

2. 성경적 의미의 합당한 연보

　모세를 통해 율법을 주셔서 죄를 깨닫게 하시고, 인류를 구원하시고자 독생자 예수 그리스도를 이 세상에 보내사 십자가 고난을 받게 하심으로써 하나님의 위대하신 사랑을 나타내셨다. 따라서 하늘에 계신 우리 아버지께서 이루신 구원의 역사에 관한 경륜의 대주제를 한마디로 부연한다면 '그리스도의 단번의 희생 제사로 이룬 경이로우신 사랑'이라고 할 수 있겠다.

　그러므로 교회들은 연보에 대해서도 하나님의 거룩하신 뜻에 합당하도록, 하나님께서 아벨과 가인의 제사를 구별하여 받으신 것과 또 성령 안에서 서로 사랑으로 행하는 그리스도의 진리를 따라 내는 것이, 그분을 기쁘시게 하는 일이 될 것이다.

　전술했듯이 그리스도의 구속이 있으시기 전까지 죄와 사망의 법이 주관했지만, 하나님의 은혜로 신약시대는 생명의 성령의 법으로 그 패러다임이 완전히 바뀌었다. 따라서 율법시대 이전에 아브라함이 멜기세덱에게 나누어준 십분의 일을 시작으로 오늘날 성도들이 교회들에서 하나님께 드리는 다양한 헌금들이, 하나님의 구원의 경륜에 따라 시대별로 어떠한 방향이 합당한지를 오직 성경을 중심으로 살펴본다.

1) 율법시대 이전

　율법이 있기 전인 족장시대에 아브라함은 전쟁에서 이기고 돌아와 멜기세덱에게 십분의 일을 나누어 주었으며, 또 야곱은 벧엘에서 하나님께 단을 쌓고 무사히 아버지 집으로 돌아오게 하시오면 십분의 일을 드리겠다고 서원하였다. 이 '십분의 일'은 하나님을 경외하고 그분에 대한 주권을 스스로 인정하며 고백함에 따른 자발적 행위였으며 레위 계통의 율법 체계에 속한 십일조 제도의 기원이 되었다.

이에 따라 이스라엘 백성은 율법시대에 십일조가 제도화되어 기업이 없는 레위 지파를 위해 그들을 제외한 모든 지파에게 의무적으로 바치도록 하였다. 그리고 아브라함이 멜기세덱에게 십분의 일을 나누어 줄 때 이미 그의 허리에 있었던 레위는, 아브라함 안에서 레위 제사장에게 율법의 십일조를 바쳤으므로 아브라함과 레위의 십일조는 본질적으로 같다고 할 수 있다.(Ⅰ의 2. 십일조의 유래와 정신 편 참고)

또한 유대 백성들은 율법에 따라 다양한 목적의 십일조와 각종 제사를 위한 제물, 그리고 성전세[187] 등을 바쳤음을 볼 수 있다. 이는 예수께서 십자가 위에서 드리신 단번의 희생 제사와 부활을 통해 이를 믿는 자들에게 하나님 나라와 그분의 의를 다 이루어 주심으로써 율법이 완성되기까지 바쳐졌다.

---

[187] 마 17:24-27 "가버나움에 이르니 반 세겔 받는 자들이 베드로에게 나아와 이르되 너의 선생은 반 세겔을 내지 아니하느냐 이르되 내신다 하고 집에 들어가니 예수께서 먼저 이르시되 시몬아 네 생각은 어떠하냐 세상 임금들이 누구에게 관세와 국세를 받느냐 자기 아들에게냐 타인에게냐 베드로가 이르되 타인에게니이다 예수께서 이르시되 그렇다면 아들들은 세를 면하리라 그러나 우리가 그들이 실족하지 않게 하기 위하여 네가 바다에 가서 낚시를 던져 먼저 오르는 고기를 가져 입을 열면 돈 한 세겔을 얻을 것이니 가져다가 나와 너를 위하여 주라 하시니라"

2) 예수 그리스도와 탈율법

예수께서 십자가에서 흘리신 보혈의 공로로 율법의 궁극의 목표인 하나님 나라와 그분의 의를 다 이루셨기에 그리스도의 속량을 믿는 자들이 율법에서 벗어나 생명의 성령의 법에 따라 성령 안에서 참복을 누릴 수 있게 되었다. 보혜사 성령이 그리스도의 구속을 깨달아 믿는 자들의 마음속에 친히 찾아오셔서 하나님의 모든 주권을 성취하심으로써 율법에 따른 레위의 십일조는 무익해진 것이다.[188]

이제는 하나님의 은혜로 그리스도 안에 있는 자들이 죄와 사망의 법에서 해방되어, 예수께서 사마리아 수가성 여인에게 말씀하신 것처럼, 배에서 영원히 솟아나는 샘물(성령)을 마시며 살아갈 수 있게 되었다.[189] 따라서 아직도 율법에 속한 십일조를 바쳐야 복을 얻는다고 가르치는 자들은, 참된 복음의 본질을 훼손시키고 듣는 자들로 하여금 성령과 멀어지게 하므로 하나님께 큰 불충이라고 할 수 있다.

아브라함의 허리에 있었던 레위 지파를 통해 아론의 반차가 이어졌지만, 예수께서는 레위 제사와 무관한 유다 지파를 통해 멜기세덱의 반차로 오셨다. 이처럼 레위의 제사 직분이 새 언약에 따라 오신 그리스도의 단번의 제사로 그 체계가 전환되었으므로, 낡

---

[188] 갈 5:5-6 "우리가 성령으로 믿음을 따라 의의 소망을 기다리노니 그리스도 예수 안에서는 할례나 무할례나 효력이 없으되 사랑으로써 역사하는 믿음뿐이니라"
갈 2:21 "내가 하나님의 은혜를 폐하지 아니하노니 만일 의롭게 되는 것이 율법으로 말미암으면 그리스도께서 헛되이 죽으셨느니라"
[189] 요 4:14 "내가 주는 물을 마시는 자는 영원히 목마르지 아니하리니 내가 주는 물은 그 속에서 영생하도록 솟아나는 샘물이 되리라"

아지고 쇠하여 무익해진 율법의 제사 체계는 사라져야 하며, 율법에 속한 십일조 제도 역시 변해야 마땅한 것이다.

> 새 언약이라 말씀하셨으매 첫 것은 낡아지게 하신 것이니 낡아지고 쇠하는 것은 없어져 가는 것이니라 (히 8:13)

이에 따라 탈율법하여 생명의 성령의 법, 곧 그리스도의 율법인 성령을 따라 행할 때 오히려 더 높아진 율법의 요구가 이루어진다. 그러기에 아론의 반차인 레위의 제사적 율법에 따른 행위가 아닌, 유다로부터 나신 영원한 제사장이신 멜기세덱의 반차인 그리스도의 속량에 대한 믿음 안에서 성령을 좇아 살아가는 것이 참 생명의 길이다.[190]

더욱이 신약성경에 십일조를 계속 바쳐야 한다는 구절을 어디서도 찾아볼 수 없다. 하지만 어떤 신학자는 십일조를 바치기를 바라는 탐욕적인 목사들의 입맛에 맞도록 일부 구절을 왜곡하여 십일조 원리, 정신 운운하며 십일조를 의무적으로 바쳐야 한다고 억지 논리로 꿰맞추고 있다. 이처럼 폐기되어야 할 십일조의 이행에 대한 당위성을 각종 감언이설로 거짓 증거함으로써 자기 양심과 성령을 속이는 율법주의적 행태들이 반드시 근절되어야 한다.

아브라함이 멜기세덱에게 전리품에서 십분의 일을 나누어 준 것은 주권적인 하나님을 경외하는 마음이 담긴 일회성 행위였다. 그리고 이후 아브라함 안에서 이스라엘 백성이 레위 지파를 비롯한 경제적 약자들을 위해 율법에 따라 의무적으로 바쳤던 각종 유

---

190 히 7:14-15 "우리 주께서는 유다로부터 나신 것이 분명하도다 이 지파에는 모세가 제사장들에 관하여 말한 것이 하나도 없고 멜기세덱과 같은 별다른 한 제사장이 일어난 것을 보니 더욱 분명하도다"

형의 십일조에 담긴 정신은, 한마디로 하나님을 사랑하고 이웃을 사랑하는 것이었다.

이 원리들에 따르더라도 오늘날 십일조를 의무적으로 바치게 하면 율법으로 회귀하는 모양새가 되어 그 기준을 타고 죄가 들어와 하나님 앞에 불법을 행하게 된다.[191] 그러므로 새 언약 아래인 신약시대에 십일조 정신을 상고詳考한다면, 단번의 제사로 구원의 역사를 이루신 우리의 구주이신 예수께 감사하며 하나님을 사랑하고 우리 이웃을 사랑함으로써, 수입에 따라 형편에 맞게 인색하지 않고 기꺼이 자원하여 연보하는 것이다.

그러함에도 최소한 십일조를 의무적으로 바쳐야 한다고 주장하는 자들은, 그 자체가 율법이 되어 교우들과 이웃을 정죄하게 되고 또 스스로를 정죄하며 율법 가운데 걷고 있는 자기의 모습을 발견하게 될 것이다. 교회들은, 이것들이 누룩이 되어 그리스도의 복음을 점점 혼탁하게 하며, 나아가 성도들과 하나님과의 관계를 점차 멀어지게 하려는 사탄의 간교한 계략임을 직시해야 한다.

바울은 "내가 율법으로 말미암아 율법에 대하여 죽었나니 이는 하나님에 대하여 살려 함이라"(갈 2:19)고 하였다. 이는 그리스도의 속량을 깨달아 믿음으로써 율법에서 해방되어 진리의 성령을 좇아 살아가는 것이 참 복음이요, 하나님을 향한 생명의 길임을 역설한 것이다. 따라서 교회들은 탈율법의 길이 곧 생명의 성령의 법 안에서 누리는 참 자유요, 우리의 생명을 살리시는 하나님의 거룩

---

[191] 롬 7:9-10 "전에 율법을 깨닫지 못했을 때에는 내가 살았더니 계명이 이르매 죄는 살아나고 나는 죽었도다 생명에 이르게 할 그 계명이 내게 대하여 도리어 사망에 이르게 하는 것이 되었도다"
고전 15:55-56 "사망아 너의 승리가 어디 있느냐 사망아 네가 쏘는 것이 어디 있느냐 사망이 쏘는 것은 죄요 죄의 권능은 율법이라"

하신 뜻을 좇는 길임을 유념해야 할 것이다.

3) 새 포도주는 새 부대에

앞서 사람이 의롭게 되는 것은 율법의 행위에 있지 않고 오직 그리스도의 속량을 믿음으로만 가능하다는 것을 알았다.[192] 그렇기 때문에 만일 예수께서 사람들의 의를 이루고자 십자가에 달리사 허물어 버리신 율법 조문을 행함으로 의로움을 얻으려 한다면, 하나님의 뜻을 저버리고 스스로를 범법자로 만드는 것과 같다.

> 누구든지 온 율법을 지키다가 그 하나를 범하면 모두 범한 자가 되나니 (약 2:10)

게다가 생명의 성령의 법 안에서 그리스도의 길을 걸어가는 새 언약(신약)시대에 시대착오적인 율법적 십일조 행위는 결국 의무적, 기복적으로 바치게 되어 하나님을 기쁘시게 해드리기 어렵다. 이를 계속 이행하다 어쩌다 한 번 못 하게 되면 죄(사탄)가 율법을 타고 들어와 자기 마음에 죄를 구성하고 억압하므로 자유와 평안을 빼앗김은 물론이요, 온 율법 전체를 지켜야 할 의무를 지게 되

---

[192] 롬 3:28 "그러므로 사람이 의롭다 하심을 얻는 것은 율법의 행위에 있지 않고 믿음으로 되는 줄 우리가 인정하노라"
갈 2:16 "사람이 의롭게 되는 것은 율법의 행위로 말미암음이 아니요 오직 예수 그리스도를 믿음으로 말미암는 줄 알므로 우리도 그리스도 예수를 믿나니 이는 우리가 율법의 행위로써가 아니고 그리스도를 믿음으로써 의롭다 함을 얻으려 함이라 율법의 행위로써는 의롭다 함을 얻을 육체가 없느니라"

기 때문이다.

> 내가 할례를 받는 각 사람에게 다시 증언하노니 그는 율법 전체를 행할 의무를 가진 자라 율법 안에서 의롭다 함을 얻으려 하는 너희는 그리스도에게서 끊어지고 은혜에서 떨어진 자로다 (갈 5:3-4)

그러므로 예수께서는 "새 포도주를 낡은 가죽 부대에 넣는 자가 없나니 만일 그렇게 하면 새 포도주가 부대를 터뜨려 포도주와 부대를 버리게 되리라 오직 새 포도주는 새 부대에 넣느니라 하시니라"(막 2:22)고 하셨다.

이때 새 포도주는 성령을, 새 부대는 새 언약 아래서 생명의 성령의 법체계를, 낡은 부대는 율법 체계를 각각 상징한다. 풀이하면, 그리스도의 속량으로 인해 생명의 성령의 법에 따라 오신 성령을, 옛 법이었던 죄와 사망의 길인 구약시대의 율법이라는 낡은 부대에 담으면 둘 다 버리게 되므로, 신약시대에는 율법 체계에서 벗어나 오직 성령을 좇아 살아가라는 의미다.

이처럼 하나님의 은혜로 우리가 이신득의하여 율법에서 해방되고 성령시대가 도래하였는 바, 여기에 십일조 등 지나간 구약시대의 율법적 요소들을 다시 혼합하면 둘 다 쓸모없게 돼 버린다.[193] 사탄의 유혹으로, 오롯이 하나님의 아가페적 사랑으로 인한 그리스도의 순전한 복음이 점차 퇴색해 가는 것이다.

그래서 바울은 갈라디아교회 성도들에게 약하고 천박한 초등학문인 율법으로 되돌아가지 말 것을 당부하였다.[194] 율법에 다시 얽

---

193 고전 5:7 "너희는 누룩 없는 자인데 새 덩어리가 되기 위하여 묵은 누룩을 내버리라 우리의 유월절 양 곧 그리스도께서 희생되셨느니라"
194 갈 4:9 "이제는 너희가 하나님을 알 뿐 아니라 더욱이 하나님이 아신 바 되었

매이게 될 때 죄로부터 속량하신 그리스도의 빛이 바래지고 우리 삶 가운데 항상 모든 것을 가르쳐 주고 도우시는 보혜사 성령을 거스르게 될 것을 우려하여서다.

필자는 오늘날 한국 교회가 하나님을 믿는다고 하면서도 감동과 그리스도의 능력이 나타나지 않는 가장 큰 이유 중 하나는, 죄와 사망의 법인 시대착오적인 율법에 따른 탐욕의 십일조 행위를 강조함으로 인해, 이것이 누룩이 되어 인격적이신 성령의 능력과 그리스도의 생명력을 퇴색시키기 때문으로 보인다.

바울은 "사망아 너의 승리가 어디 있느냐 사망아 네가 쏘는 것이 어디 있느냐 사망이 쏘는 것은 죄요 죄의 권능은 율법이라 우리 주 예수 그리스도로 말미암아 우리에게 승리를 주시는 하나님께 감사하노니"(고전 15:55-57)라고 하였다. 이처럼 사람의 행위는, 율법이 기준이 될 때 죄의 권능이 나타남으로써 그 죄로 인해 사망의 길로 향하게 된다.

하지만 오직 놀라우신 하나님의 은혜로 그리스도의 속량을 믿는 자들에게 죄와 사망으로부터 승리를 얻게 해주셨기에 무릎 꿇어 감사하며 내 영혼의 깊은 곳에서 찬양하지 않을 수 없다. 우리는 구주이신 그리스도의 거룩하신 의의 도를 안 후에 혹여 다시 율법에 얽매이는 어리석은 자들이 되지 말아야 할 것이다.[195]

만일 그들이 우리 주 되신 구주 예수 그리스도를 앎으로 세상의 더러움

거늘 어찌하여 다시 약하고 천박한 초등학문으로 돌아가서 다시 그들에게 종 노릇 하려 하느냐"

195 빌 3:2-3 "개들을 삼가고 행악하는 자들을 삼가고 몸을 상해하는 일을 삼가라 하나님의 성령으로 봉사하며 그리스도 예수로 자랑하고 육체를 신뢰하지 아니하는 우리가 곧 할례파라"

을 피한 후에 다시 그 중에 얽매이고 지면 그 나중 형편이 처음보다 더 심하리니 의의 도를 안 후에 받은 거룩한 명령을 저버리는 것보다 알지 못하는 것이 도리어 그들에게 나으니라 참된 속담에 이르기를 개가 그 토하였던 것에 돌아가고 돼지가 씻었다가 더러운 구덩이에 도로 누웠다 하는 말이 그들에게 응하였도다 (벧후 2:20-22)

4) 향후 올바른 연보의 방향

전술한 대로 십일조 제도는, 하나님의 구원의 경륜에 따라 이루신 그리스도의 십자가 사건 전前이었던 율법시대에 이스라엘 백성들의 죄를 깨닫도록 주셨던 옛 법이었다. 신약시대에 있어서는 하나님을 헛되이 섬기므로 폐기되어야 마땅한 무익한 율법일 뿐이다. 이는 오히려 새 언약 아래서 생명의 성령의 법과의 혼란을 야기함으로써 하나님의 거룩하신 뜻을 거스르게 된다.

지금도 율법에 속한 십일조를 의무적으로 바쳐야 옳다고 주장하는 자들은, 그리스도의 속량으로 인해 율법에서 해방되었다는 복음의 실체를 모르거나 훼방하고 있다고 해도 과언이 아니다. 그리스도를 구주로 영접한 자들은, 바울처럼 죄와 사망의 길인 율법에 대하여 죽어야(벗어나야, 해방되어야) 복음을 올바로 깨달은 성도로서 진정한 그리스도인이라고 할 수 있을 것이다.[196]

예수께서 죄로부터의 속량을 믿는 자들에게 성령을 인치심으로, 하나님 나라와 그분의 의를 얻게 하사 율법을 완성하시고 우리 심령 안에 하나님의 모든 주권을 이루셨다. 그리고 우리를 이

196　갈 2:19 "내가 율법으로 말미암아 율법에 대하여 죽었나니 이는 하나님에 대하여 살려 함이라"

세상에 고아와 같이 내버려두지 않기 위해 그리스도를 믿고 의지하는 자들을 보혜사 성령을 통해 인도하고 계신다.

그러나 주님을 구주로 믿는다고 하면서도 아직도 자신이 율법주의적 사고에 매여 있다면, 자아를 죽이고 십자가에 못 박히신 그리스도를 바라보며 깊은 묵상과 함께 죄와 사망의 늪에서 헤어날 수 있도록 하나님께 진실로 간구하길 강권한다. 그러할 때, 보혜사 성령이 깨닫도록 지혜를 주시고 율법 아래서 해방되어 그리스도와 동행하며 살아가는 참생명의 길로 안내해 주실 것을 믿어 의심치 않는다.

> 내가 그리스도와 함께 십자가에 못 박혔나니 그런즉 이제는 내가 사는 것이 아니요 오직 내 안에 그리스도께서 사시는 것이라 이제 내가 육체 가운데 사는 것은 나를 사랑하사 나를 위하여 자기 자신을 버리신 하나님의 아들을 믿는 믿음 안에서 사는 것이라   (갈 2:20)

그러므로 하나님의 사랑과 은혜로 그리스도를 구주로 믿는 자들을 홀로 내버려두지 않도록 하시고자, 삼위일체이신 성부, 성자, 성령 하나님의 영이 친히 성도들의 마음에 주인으로서 찾아오셔서 함께하고 계심을 우리는 항상 명심해야 한다.

한편 새 언약 아래서 주님의 몸 된 교회의 성도들은, 그리스도의 속량에 대한 확실한 믿음으로, 지나간 구약시대의 산물인 율법의 십일조 제도의 틀에서 벗어나 의무적이 아니라 수입에 따라 형편에 맞게 자원하여 기꺼이 연보를 내야 한다.

그리고 예수께서 "주라 그리하면 너희에게 줄 것이니 곧 후히 되어 누르고 흔들어 넘치도록 하여 너희에게 안겨 주리라 너희가 헤아리는 그 헤아림으로 너희도 헤아림을 도로 받을 것이니라"(눅

6:38)고 하셨다. 이 말씀에서 보듯이 연보의 방향성이, 무익한 율법주의적 사고에서 해방되어 성령 안에서 자원하여 많이 뿌리는 자가 많이 거두게 되는 성경적 원리를 따라야 한다.

율법에서 해방된 성도들이, 의무적 십일조가 아닌 자기 마음에 정한 바에 따라 자원하여 수입의 십분의 일을 기꺼이 내는 것은 전혀 비난할 일이 아니다. 단지 우리는 위선적인 교회의 목사나 신학자들이 여러 이유를 대며 은연중 십일조를 강요하거나, 십일조를 바쳐야 복을 받을 수 있다는 등 거짓 증거하는 율법주의적 행태들을 경계해야 하는 것이다.

예수께서 칭찬하신, 비록 두 렙돈이 적은 돈일지라도 자원하여 생활비 전부를 넣었던 과부의 마음은 기쁘고 즐거웠을 것이다.[197] 따라서 신약시대에서의 연보는 죄와 사망의 길인 율법에서 벗어나, 양보다 우리 구주이신 그리스도에 대한 온전한 믿음과 하나님을 사랑하고 이웃을 사랑하는 마음으로 자원하여 기꺼이 내는 것이 중요해 보인다.

만유의 주인이신 하나님은, 경제적으로 빈한하여 신자들에게 물질을 빌려서 내거나 억지로 요구하는 분이 아니시다. 오히려 교회들에 그리스도의 신부로서 참사랑과 하나님 자녀로서 형제에 대한 이웃 사랑을 기대하시기에, 앞서 과부가 생활비 전부를 기꺼이 넣었던 연보는 비록 적은 돈이었지만 하나님을 기쁘시게 하는 향기로운 예물이 되었을 것이다.

---

[197] 눅 21:1-4 "예수께서 눈을 들어 부자들이 헌금함에 헌금 넣는 것을 보시고 또 어떤 가난한 과부가 두 렙돈 넣는 것을 보시고 이르시되 내가 참으로 너희에게 말하노니 이 가난한 과부가 다른 모든 사람보다 많이 넣었도다 저들은 그 풍족한 중에서 헌금을 넣었거니와 이 과부는 그 가난한 중에서 자기가 가지고 있는 생활비 전부를 넣었느니라 하시니라"

예수께서 이르시되 네 마음을 다하고 목숨을 다하고 뜻을 다하여 주 너의 하나님을 사랑하라 하셨으니 이것이 크고 첫째 되는 계명이요 둘째도 그와 같으니 네 이웃을 네 자신 같이 사랑하라 하셨으니 이 두 계명이 온 율법과 선지자의 강령이니라 (마 22:37-40)

예수께서 이르시되 네가 온전하고자 할진대 가서 네 소유를 팔아 가난한 자들에게 주라 그리하면 하늘에서 보화가 네게 있으리라 그리고 와서 나를 따르라 하시니 (마 19:21)

그러므로 참다운 연보는, 우리의 구원을 이루시고 모든 주권을 가지고 항상 동행하여 주시는 하나님께 감사하며 수입의 1%, 5%, 10%, 20%, 30%... 또는 1이든 100이든 하나님께서 형통하게 하신 대로 미리 준비해야 한다. 그리고 형편에 맞게 마음에 정한 대로 인색하지 않도록 자원하여 기꺼이 내야 한다. 이때 오른손이 하는 것을 왼손이 모르게 하는 것이 하나님의 거룩하신 뜻임을 잊지 말아야 할 것이다.

또한 예수께서는, 율법시대에 십일조가 쓰여졌던 용처에서 알 수 있듯이, 교회들이 진정 하나님을 사랑하고 우리 이웃을 사랑함으로써 복음 사역자들을 비롯해 고아, 과부, 노약자 등 경제적 약자들을 자원하여 즐겁게 돕기를 원하신다. 이것이 바로 새 언약 아래서 그리스도의 율법에 적용되어야 할 '십일조의 정신'이다.(Ⅰ의 2. 십일조의 유래와 정신 편 참고)

그러기에 어떤 목사나 신학자처럼, 율법 이전에 아브라함이 일회성으로 멜기세덱에게 나누어준 십분의 일 자체를 십일조 정신이라고 왜곡하여, 수입의 10%를 기본적으로 내야 한다고 성경에 어두운 교인들에게 거짓 증거하는 행태들을 멈춰야 한다. 율법으로 이어져 결국 폐해진 십일조를 헛되이 강조하면, 율법에서 벗어나 성령을 따라 행해야 하는 교회의 성도들이 복음의 본질과 멀어질 수밖에 없을 것이다.

신약성경 전체를 통해서 십일조의 당위성은 찾아볼 수 없지만, 앞서 히브리서 7장을 통해, 아론의 반차인 레위 계통의 제사 직분을 위한 율법에 따른 십일조의 부당성을 발견할 수 있었다.(Ⅱ의 1. 히브리서 7장의 해설 편 참고) 그러므로 신약시대에 있어 자원하여 내는 성경적 의미에서의 연보와 사용처의 방향성에 대해 다음과 같이 몇 가지 제언해 보고자 한다.

하나, 매주 첫날에 하나님이 형통하게 하신 대로, 그리스도의 대속의 은혜에 감사하며 성령 안에서 하나님을 사랑하고 이웃을 사랑하는 마음으로 내야 한다. 이때 율법에 얽매이지 말고, 수입과 형편에 따라 저마다 자기 마음에 정한 대로 자원하여 기쁜 마음으로 연보를 하며, 하나님은 즐겨 내는 자를 사랑하시기에 인색함이나 억지로 하지 말아야 한다. [198]

> 매주 첫날에 너희 각 사람이 수입에 따라 모아 두어서 내가 갈 때에 연보를 하지 않게 하라 (고전 16:2)

---

[198] 행 11:29-30 "제자들이 각각 그 힘대로 유대에 사는 형제들에게 부조를 보내기로 작정하고 이를 실행하여 바나바와 사울의 손으로 장로들에게 보내니라" 고후 8:2-5 "환난의 많은 시련 가운데서 그들의 넘치는 기쁨과 극심한 가난이 그들의 풍성한 연보를 넘치도록 하게 하였느니라 내가 증언하노니 그들이 힘대로 할 뿐 아니라 힘에 지나도록 자원하여 이 은혜와 성도 섬기는 일에 참여함에 대하여 우리에게 간절히 구하니 우리가 바라던 것뿐 아니라 그들이 먼저 자신을 주께 드리고 또 하나님의 뜻을 따라 우리에게 주었도다"

그러므로 내가 이 형제들로 먼저 너희에게 가서 너희가 전에 약속한 연보를 미리 준비하게 하도록 권면하는 것이 필요한 줄 생각하였노니 이렇게 준비하여야 참 연보답고 억지가 아니니라 이것이 곧 적게 심는 자는 적게 거두고 많이 심는 자는 많이 거둔다 하는 말이로다 각각 그 마음에 정한 대로 할 것이요 인색함으로나 억지로 하지 말지니 하나님을 즐겨 내는 자를 사랑하시느니라 (고후 9:5-7)

하나, 예수께서 구제할 때 오른손이 하는 것을 왼손이 모르게 하라고 가르치신 바, 연보도 사람에게서 영광을 받으려고 자기 이름을 밝히는 것보다 무명으로 내는 것이 하나님을 기쁘시게 할 것으로 여겨진다. 이는 중심을 보시는 하나님의 거룩하신 속성으로서, 은밀한 중에 보시는 하늘 아버지께서 언젠가 후히 보상하실 것이다.

사람에게 보이려고 그들 앞에서 너희 의를 행하지 않도록 주의하라 그리하지 아니하면 하늘에 계신 너희 아버지께 상을 받지 못하느니라 그러므로 구제할 때에 외식하는 자가 사람에게서 영광을 받으려고 회당과 거리에서 하는 것 같이 너희 앞에 나팔을 불지 말라 진실로 너희에게 이르노니 그들은 자기 상을 이미 받았느니라 너는 구제할 때에 오른손이 하는 것을 왼손이 모르게 하여 네 구제함을 은밀하게 하라 은밀한 중에 보시는 너의 아버지께서 갚으시리라 (마 6:1-4)

하나, 바울은 밭 가는 자는 소망을 가지고 갈며 곡식 떠는 자는 함께 얻을 소망을 가지고 떨며,[199] 또 자비량 선교를 하는 자신도

---

[199] 고전 9:9-10 "모세의 율법에 곡식을 밟아 떠는 소에게 망을 씌우지 말라 기록하였으니 하나님께서 어찌 소들을 위하여 염려하심이냐 오로지 우리를 위하여 말씀하심이 아니냐 과연 우리를 위하여 기록된 것이니 밭 가는 자는 소망을 가지고 갈며 곡식 떠는 자는 함께 얻을 소망을 가지고 떠는 것이라"

다른 사도들처럼 일하지 아니할 권리가 있음을 강조함으로써 사도의 권리에 대해 역설하였다.[200]

따라서 교회는 하나님의 말씀을 가르치고 선교활동을 하며 헌신하는 사역자들을 마땅히 돌볼 의무가 있다.[201] 나아가 고아와 과부 등 경제적 생활이 어려운 가난한 성도들을 돌보고 우리 이웃을 사랑하고 섬기는 데 힘써야 한다. 그러나 오늘날 한국의 대형 교회들은 외형적 건축 비용과 목회자 사례비 등의 명목으로 지출 비용이 지나치게 많은 비중을 차지하고 있는 양상으로 보인다.

이는 그리스도의 복음을 전도하고 이웃을 사랑하는 것이 주목적이 되어야 할 연보에 대해 그 본질을 일탈하여 사용되는 바람직하지 못한 행태들이다. 교회들은 건축에 대한 지나친 비용을 지양하고 목회자들을 신성시하는 우상적 사고 등 그릇된 신앙관에서 벗어나, 복음 전파와 함께 경제적 약자들을 중심으로 연보가 사용되도록 주의를 기울여야 할 것이다.

> 다만 우리에게 가난한 자들을 기억하도록 부탁하였으니 이것은 나도 본래부터 힘써 행하여 왔노라 (갈 2:10)

> 하나님 아버지 앞에서 정결하고 더러움이 없는 경건은 곧 고아와 과부를 그 환난중에 돌보고 또 자기를 지켜 세속에 물들지 아니하는 그것이니라 (약 1:27)

---

200 고전 9:6-7 "어찌 나와 바나바만 일하지 아니할 권리가 없겠느냐 누가 자기 비용으로 군 복무를 하겠느냐 누가 포도를 심고 그 열매를 먹지 않겠느냐 누가 양 떼를 기르고 그 양 떼의 젖을 먹지 않겠느냐"

201 고전 9:13-14 "성전의 일을 하는 이들은 성전에서 나는 것을 먹으며 제단에서 섬기는 이들은 제단과 함께 나누는 것을 너희가 알지 못하느냐 이와 같이 주께서도 복음 전하는 자들이 복음으로 말미암아 살리라 명하셨느니라"
갈 6:6 "가르침을 받는 자는 말씀을 가르치는 자와 모든 좋은 것을 함께 하라"

예수께서 이르시되 네가 온전하고자 할진대 가서 네 소유를 팔아 가난한 자들에게 주라 그리하면 하늘에서 보화가 네게 있으리라 그리고 와서 나를 따르라 하시니 (마 19:21)

하나, 연보는 자기 교회뿐만 아니라 형편이 더 어려운 이웃 교회를 위해서도 지속적인 관심과 사랑하는 마음으로 사용되어야 한다. 그래서 바울은 빌리보교회에서 그에게 보내온 헌물에 대해 하나님께서 기쁘게 받으실 만한 향기로운 제물이라고 하였다.[202]

그러나 이제는 내가 성도를 섬기는 일로 예루살렘에 가노니 이는 마게도냐와 아가야 사람들이 예루살렘 성도 중 가난한 자들을 위하여 기쁘게 얼마를 연보하였음이라 (롬 15:25-26)

하나, 예수께서 죄와 사망의 길인 법조문으로 쓴 온 율법을 십자가에 못 박아 제하여 버리사 모든 사탄의 권세를 무력화함으로 이기셨다. 이제 사람들이 먹고 마시는 것과 아무 절기나 안식일 등을 이유로 누구도 비판할 수 없게 되었다. 따라서 교회들은 예배당 입구에 즐비하게 나열하여 그리스도의 복음의 참뜻을 훼손시키는 십일조를 비롯한 각종 절기를 위한 헌금 봉투 등을 '감사 연보' 봉투로 일원화하여 사역비, 구제, 선교 등에 적절히 배분하여 사용하는 것이 바람직해 보인다.

---

[202] 빌 4:16-19 "데살로니가에 있을 때에도 너희가 한 번뿐 아니라 두 번이나 나의 쓸 것을 보내었도다 내가 선물을 구함이 아니요 오직 너희에게 유익하도록 풍성한 열매를 구함이라 내게는 모든 것이 있고 또 풍부한지라 에바브로디도 편에 너희가 준 것을 받으므로 내가 풍족하니 이는 받으실 만한 향기로운 제물이요 하나님을 기쁘시게 한 것이라 나의 하나님이 그리스도 예수 안에서 영광 가운데 그 풍성한 대로 너희 모든 쓸 것을 채우시리라"

> 우리를 거스르고 불리하게 하는 법조문으로 쓴 증서를 지우시고 제하여 버리사 십자가에 못 박으시고 통치자들과 권세들을 무력화하여 드러내어 구경거리로 삼으시고 십자가로 그들을 이기셨느니라 그러므로 먹고 마시는 것과 절기나 초하루나 안식일을 이유로 누구든지 너희를 비판하지 못하게 하라 이것들은 장래 일의 그림자이나 몸은 그리스도의 것이니라
> (골 2:14-17)

앞서 살펴본 대로 율법시대는 온전한 십일조를 바침으로써 복을 쌓을 곳이 없도록 받았다. 하지만 하나님의 구원의 경륜 가운데 달라진 새 언약에 따른 생명의 성령의 법체계인 신약시대에 있어서, 연보는 복음전도와 구제사업 등을 원활히 할 수 있도록 수입에 따라 마음에 정한 대로 형편에 맞게 인색하지 않도록 자원하여 즐겨 내는 자를 사랑하시는 것을 알 수 있다.

또한 하나님은 모든 삶 속에서 우리의 중심이 그리스도께로 향하길 원하신다. 연보를 내는 것도 액수보다 그 안에 담겨진 우리의 진실한 사랑을 기대하시는 것이다. 다시 말해 우리의 형편을 모두 아시는 신실하신 하나님은, 그분과 이웃 사랑에 대한 우리의 마음과 더불어 이를 실천하며 가르치는 자들을 기뻐하시며 크게 여기신다.[203]

이에 따른 보응은 중심을 보시는 하나님께서 영육 간에 풍족하도록 언젠가 반드시 갚으시고 선악 간에 계수하시는 그리스도의 심판대에서의 상급으로 이어질 것이다.

오늘날 교회들이 그릇된 십일조 제도의 틀에서 벗어나면 처음

---

[203] 마 5:19 "그러므로 누구든지 이 계명 중의 지극히 작은 것 하나라도 버리고 또 그같이 사람을 가르치는 자는 천국에서 지극히 작다 일컬음을 받을 것이요 누구든지 이를 행하며 가르치는 자는 천국에서 크다 일컬음을 받으리라"

엔 연보의 액수가 다소 작아져 재정 수입에 차이가 발생할지라도, 하나님께서 허락하신 만큼 성령의 일하심을 통해 허물없이 적정히 사용하길 권한다.

먼저 염려할 것은 연보의 양보다, 성도들이 복음을 온전히 깨달음으로써 죄와 사망의 길인 율법적 사고로부터 해방되고, 그리스도의 율법에 따라 거듭나 성령 안에 머무름으로 신앙이 성숙해져 그리스도의 장성한 분량에까지 자라는 일이다. 그래서 자원하여 내는 연보가 그리스도 안에서 적정히 쓰여질 때, 하나님을 영광스럽게 하는 향기로운 예물이 되어 성령의 도우심으로 범사에 차고 넘치도록 채워주실 것이다.[204]

그리고 하나님이 함께하시는 그리스도의 신부로서 교회 공동체가 성령 충만한 가운데 사랑과 은혜로 풍성해지고, 아울러 성도들 간의 교제도 성령 안에서 더욱 친밀해지고 아름다워질 것으로 보인다.

---

[204] 마 6:31-33 "그러므로 염려하여 이르기를 무엇을 먹을까 무엇을 마실까 무엇을 입을까 하지 말라 이는 다 이방인들이 구하는 것이라 너희 하늘 아버지께서 이 모든 것이 너희에게 있어야 할 줄을 아시느니라 그런즉 너희는 먼저 그의 나라와 그의 의를 구하라 그리하면 이 모든 것을 너희에게 더하시리라"
고후 9:11 "너희가 모든 일에 넉넉하여 너그럽게 연보를 함은 그들이 우리로 말미암아 하나님께 감사하게 하는 것이라"

VII

한국 교회들에 대한 제언

/

오늘날 한국의 성도들은 보편적으로 신앙생활을 잘 해 보려는 열의가 많다. 그러나 그들을 가르쳐야 할 일부 목회자의 모습들은 과거 선지자들이 예언했던 거짓 선지자들과 흡사하다. 그들은 일말의 부끄러움도 없이 지금도 구약시대의 산물인 율법인 십일조를 바쳐야 복을 받는다고 위선적인 주장을 한다. 성령을 통해 하나님의 뜻을 바르게 깨달아 교회들에 전하려 하지 않고, 율법주의적 사고에 젖은 채 그리스도의 참진리에 대한 관심은 뒷전이다. 그러므로 현재 한국 교회의 모습들과 함께 거기서 나타나는 병폐들을 살펴보고 그 치유 방안에 대해 제언하고자 한다.

1. 오늘날 한국 교회들의 모습

필자는 복음이 온전히 깨달아질 무렵, 다니던 교회에서 목회자가 전하는 것과 성경 말씀의 주요 부분의 본질적 의미에 차이가 있음을 발견하게 되었다. 이는 예수 그리스도의 진리를 맹목적으로 받아들이는 데서 오롯이 알기를 갈망하는 욕구로 이어졌으며, 늦은 나이에 주경야독하며 신학을 공부하는 계기가 되었다.

이때 혹여 나의 신앙관이 편협되지 않도록, 특별히 이단교회로 알려진 몇 곳을 제외하고 교파별로 여러 교회들을 부단히 찾아 이른바 교회 투어를 해본 적이 있다. 그 결과 많은 교회들이 복음 전도, 이웃 사랑, 구제 사업 등을 부단히 애쓰는 것을 찾아볼 수 있었다. 하지만 여기서는 성도들의 그릇된 신앙생활에 대한 회개와 참 진리로의 회복을 위해, 성경에 나타나는 복음과 상충되는 모습들을 중심으로 다뤄보고자 한다.

대부분 교회들은 사실상, 예수께서 초림하신 주요 목적인 인류의 구원을 위해 단번의 제사와 부활하심을 마음에 믿음으로 얻어지는 '하나님의 나라와 그분의 의義' 보다, 현세의 복에 더 관심을 갖는 기복적인 종교로 변질되었음을 느낄 수 있었다. 그리스도의 복음과는 거리가 먼, 우리가 해방되어야 할 율법주의에 치우쳐 외식하는 행태들이 누룩이 되어 우리 교회들이 병들어 가고 있는 것이다.

그래서 본말이 전도되고 빛이 바래져 퇴색된 복음의 의미를 바로 세우고, 죄로부터 인류를 구원하시고자 예수께서 초림하셨던 참뜻을 더욱 깊이 깨닫는 회개운동이 절실히 필요한 상황이 되었다. 새 언약에 따른 생명의 성령의 법을 올바르게 깨닫지 못하고, 죄와 사망의 길인 율법적 사고에 매여 그리스도의 생명과 연합하지 못하는 모양만 교인이라면, 그리스도와의 혼인 잔치에 참여하기 어려울 것이다.[205]

본래 유대인들에게 주셨던 십계명을 비롯한 모든 율법은 죄를 깨달을 뿐이요, 사람이 스스로 온전히 지켜 행할 수 없음을 우리 양심이 아는 바다. 피조물에 불과한 죄성을 지닌 인간은, 아무리 지상 최고의 선자善者라고 하더라도 거룩하신 하나님께서 보시기에 한참 부족한 존재들이다. 따라서 사람의 행위를 통하여 율법이 바라는 궁극의 목표인 의義를 이루려는 것은 죄와 사망의 길로 갈 수밖에 없다.

작금의 성도들은 그리스도의 진리에 목말라 있지만, 어떤 목회자는 아직도 비교적 성경에 어두운 그들을 상대로 옛 법이었던 십일조를 바쳐야 복을 받는다고 거짓 증언을 하며 감언이설로 미혹하여 가르친다. 게다가 기도 내용 등을 통해 은연중 이를 강요하며, 십일조 봉투를 예배당 입구에 버젓이 비치하는 등 억지로 죄의식을 조장함으로써 하나님의 뜻과는 거리가 먼 행태들을 일삼고 있다.

예수께서 사도 요한에게 계시를 통해 마지막 일곱 번째 출현하는 라오디게아교회에 "네가 말하기를 나는 부자라 부요하여 부족한 것이 없다 하나 네 곤고한 것과 가련한 것과 가난한 것과 눈 먼 것과 벌거벗은 것을 알지 못하는도다 내가 너를 권하노니 내게서 불로 연단한 금을 사서 부요하게 하고 흰 옷을 사서 입어 벌거벗

---

205 마 25:30 "이 무익한 종을 바깥 어두운 데로 내쫓으라 거기서 슬피 울며 이를 갈리라 하니라"

은 수치를 보이지 않게 하고 안약을 사서 눈에 발라 보게 하라"(계 3:17-18)고 하셨다.

이와 마찬가지로 말세적 상황을 지나는 오늘날 많은 한국의 교회들은 물질로 부요하게 되었으나 안타깝게도 영안이 어두워 보인다. 우리는 예수께서 십자가를 통해 단번의 제사로 이루신 생명의 성령의 법에 따라 성령 안에 머물러야 한다. 하지만 목회자들의 물질적 탐심으로 인해 신자들이 죄와 사망의 길인 율법주의에서 벗어나지 못해 눈먼 것과 벌거벗은 수치를 깨닫지 못하고 있는 실정인 것이다.

> 이 땅에 무섭고 놀라운 일이 있도다 선지자들은 거짓을 예언하며 제사장들은 자기 권력으로 다스리며 내 백성은 그것을 좋게 여기니 마지막에는 너희가 어찌하려느냐 (렘 5:30-31)

> 주께서 이르시되 이 백성이 입으로는 나를 가까이하며 입술로는 나를 공경하나 그들의 마음은 내게서 멀리 떠났나니 그들이 나를 경외함은 사람의 계명으로 가르침을 받았을 뿐이라 그러므로 내가 이 백성 중에 기이한 일 곧 기이하고 가장 기이한 일을 다시 행하리니 그들 중에서 지혜자의 지혜가 없어지고 명철자의 총명이 가려지리라 (사 29:13-14)

하나님께서는 선지자들을 통하여 '명철하여 번제보다 여호와를 아는 것을 기뻐하신다'고 말씀하셨다.[206] 우리는 무엇보다 먼저,

---

[206] 렘 9:24 "자랑하는 자는 이것으로 자랑할지니 곧 명철하여 나를 아는 것과 나 여호와는 사랑과 정의와 공의를 땅에 행하는 자인 줄 깨닫는 것이라 나는 이 일을 기뻐하노라 여호와의 말씀이니라"
호 6:6 "나는 인애를 원하고 제사를 원하지 아니하며 번제보다 하나님을 아는 것을 원하노라"

인류의 구원을 위해 이 세상에 오셔서 그리스도의 단번의 제사와 부활로 온 율법을 이루시고, 이를 믿는 자들에게 성령을 인치사 '하나님 나라와 그분의 의義'를 거저 얻게 하심으로 구원을 이루신 하나님의 사랑과 공의를 깨달아야 한다.

아울러 그리스도의 속량을 믿는 성도들의 돌같이 굳은 마음을 제거하고 육체의 소욕을 이기도록 보내주신 새 영, 곧 성령을 좇아 살아가게 하시는 것이 하나님의 거룩하신 뜻임을, 단지 지식적 이해만이 아닌 마음으로 확실히 믿어져야 한다. 이 길이 곧 예수께서 십자가에서 온 인류을 위해 대신 죽으시고 부활하신 이유이자 하나님께서 기뻐하시는 거듭남, 곧 중생重生을 얻는 유일한 길이기 때문이다.

이렇듯 그리스도 복음의 실체와 그 본질적 의미를 온전히 깨닫고 지나간 구법에 속한 율법주의의 그늘에서 해방되어야 성령 안에서 하나님 나라의 참평강과 자유를 누릴 수 있다. 이때 비로소 새 언약에 따라 그리스도의 율법으로 주신 생명의 성령의 법체계 안에서 성령의 인도하심으로 더욱 높아진 율법의 요구를 이루고, 예수께서 다시 오실 그날을 소망 가운데 기쁨으로 기다릴 수 있게 될 것이다.

> 내가 그들에게 한 마음을 주고 그 속에 새 영을 주며 그 몸에서 돌 같은 마음을 제거하고 살처럼 부드러운 마음을 주어 내 율례를 따르며 내 규례를 지켜 행하게 하리니 그들은 내 백성이 되고 나는 그들의 하나님이 되리라
> (겔 11:19-20)

하나님의 말씀을 가르치고 전하는 자들은 목회자와 신학자들뿐만 아니라 누구든지, 자기의 주장하는 바가 성경 말씀의 주인이신

하나님의 뜻인지 아니면 자기만의 아집인지를 먼저 주의 깊게 살펴야 한다. 단순히 몇 구절만 가지고 하나님의 뜻인 양 얘기하는 것은, 크게는 사이비, 이단이 될 수 있고 작게는 본질에서 벗어난 니가복음(비성경적인 자의적 주장)이 되는 오류를 범하기 쉽다.

이를 위해 맹목적 답습 행태를 지양하고 성경에 나타난 하나님의 참뜻이 왜곡되지 않도록 잘 살펴 성경 말씀을 바르게 이해하려는 자세가 절대 필요하다. 그리고 폭넓은 성경연구와 함께 궁금한 점들은 지혜를 주시는 성령께 여쭤보며 검증한 후 확실해질 때 말하는 습관이 중요해 보인다. 이때 특히 유의할 점은 성령 안에서 깊은 묵상과 더불어 항상 전체적 문장 안에서 앞뒤 문맥에 맞도록 해석하는 통전적, 논리적 사고에 기반을 두어야 할 것이다.

2. 교회들에 나타난 가장 큰 병폐들

우리 한국 교회들에 있어서 율법주의와 관련하여 필자가 본 큰 병폐 중 하나는, 그리스도의 순수한 생명의 성령의 법에 따른 '복음'과 죄와 사망의 법에 속한 옛 '율법'이 혼합되어 혼탁해진 상태라고 말할 수 있다. 구약시대에 죄를 깨닫도록 주셨던 율법에 따른 십일조 제도에서 벗어나지 못하고, 아직도 하나님 앞에 위선적인 율법주의적 사고의 팽배로 그리스도의 복음을 흐리게 하는 누룩이 돼버린 것이다.

이에 대해 예수께서 "새 포도주를 낡은 가죽 부대에 넣는 자가 없나니 만일 그렇게 하면 새 포도주가 부대를 터뜨려 포도주가 쏟아지고 부대도 못쓰게 되리라 새 포도주는 새 부대에 넣어야 할 것이니라"(눅 5:37-38)고 가르치신 바 있다.

하지만 오늘날 대부분 교회들은 이러한 생명의 교훈을 따르지 않고 새 포도주(성령)를 헌 부대(율법)에 넣음으로써 그리스도의 복음의 본질을 훼손시키고 있다. 그래서 신자들이 애매하고 흐릿한 신앙생활을 지속하는 가운데 구원의 확신을 갖지 못하고 종교 행위만 중요시하는 실정에 이른 것이다.

율법 조문에 대해 사람이 스스로 온전히 지킬 수 없어 예수께서 인류를 죄로부터 벗어나게 하시고자 친히 십자가 위에서 대속의 제물이 되셨다. 그리고 부활하신 것은 하나님으로부터 의를 다시 회복했다는 확실한 증거로서, 이를 깨달아 믿는 자들에게 은혜로 하나님의 의가 전가될 때 보내주신 성령 안에서 그리스도를 의지하며 살아가는 것이 복음의 요체요, 핵심이다.

그러므로 바울은 초대 교회 당시, 복음과 율법을 혼동하는 갈라디아교회에 "사람이 의롭게 되는 것은 율법의 행위로 말미암음이 아니요 오직 예수 그리스도를 믿음으로 말미암는 줄 알므로 우리도 그리스도 예수를 믿나니 이는 우리가 율법의 행위로써가 아니고 그리스도를 믿음으로써 의롭다 함을 얻으려 함이라 율법의 행위로써는 의롭다 함을 얻을 육체가 없느니라"(갈 2:16)고 하였다.

이렇듯 온 인류가 사람의 행위가 아니라 그리스도의 생명에 접붙임되어 거듭남으로 구원을 얻게 하는 것이 하나님의 거룩하신 뜻이요, 기쁜 소식, 곧 그리스도의 복음이다. 그러나 원래 이스라엘 민족에게 죄를 깨닫도록 주어진 율법이 신약시대를 살아가는 온 교회들에서 오용되어 성령의 생명력과 권능이 훼손되고 있다. 그래서 이 땅 위에 복음의 효용적 가치가 퇴색해 가는 상황에 이른바, 이는 사탄이 바라는 방향일 것이다.

오늘날 교회들에 팽배해진 율법주의는 두 부류로 보인다. 즉, 복음에 대해 들어 지식적으로는 인식하지만 죄사함의 은혜를 실제로 마음에 온전히 깨닫지 못한 상태에서 비롯되거나, 그리스도의 속량을 믿음으로 구원을 얻는 것에 대해 깨달아 알면서도 물질에 취해 성도들에게 위선적인 증언을 하는 것들이다.

이처럼 율법에 대한 그릇된 이해와 교회 지도자들의 탐욕으로 인해, 사람이 스스로 하나님 나라와 그분의 의를 얻을 수 없어 예수께서 단번의 희생 제사로 다 이루사 무익해진 율법주의가 한국의 많은 교회들을 강점하고 있다. 이로써 이미 폐해진 제사적 율법에 속한 십일조를 여러 형태로 은연중에 강조함으로 결국 찾아오는 신자들까지 부담감을 가져 가까이 못 오도록 가로막는 형국이 돼버렸다.

한편 또 하나의 큰 병폐는, 많은 신자들이 율법적 사고와 맞물려 그리스도의 속량에 대한 믿음의 범주를 과거에 지은 죄의 구속에 국한한다는 점이다. 자신이 받은 죄사함 가운데 현재와 미래에 지을 수 있는 죄는 포함하지 않으므로 구원의 확신을 갖지 못하는 자들을 쉽게 만날 수 있다. 그들은 예수께서 아담으로부터 종말에 이 세상에 태어날 아기들의 죄까지 단번의 제사로 온전히 구속하셨음을 기억해야 한다.

소위 율법적 복음주의자들은 그리스도에 대한 맹목적 믿음과 종교적 열심은 많지만, 하나님 나라와 그분의 의義에 있어 '하나님의 義'를 '하나님의 意'로 곡해하는 등 그 개념에 대해 혼동하는 경향이 있다. 그리고 예수께서 온 인류를 위해 단번의 제사와 부활로써 다 이루사, 오직 이를 믿는 자들이 과거는 물론이요, 현재와 미래에 지을 죄까지 모두 속량을 받는다는 사실을 마음에 온전히 깨닫지 못하고 있다.

그래서 그들은 안타깝게도 온 인류가 독생자이신 예수께서 영원한 속죄를 이루신 일을 오직 믿음으로 이신득의以信得義하여 새 생명으로 거듭나 하나님 나라를 얻어 구원에 이르는 진리의 실체에서 멀어져 있다. 이로 인해 십일조 준수 등 율법적 행위를 통한 자기 의로서 구원이 완성되어지는 것처럼 모호하여 구원의 확신이 없는 상태에 빠져버린 것이다.

예수께서 인류의 모든 세대에 속한 자들의 원죄까지 온전히 구속하시고 오직 이를 깨달아 믿는 자들을 생명의 성령의 법으로 완전히 해방하셨다. 이처럼 다 이루신 죄사함의 은혜를, 단지 지식만이 아닌 마음으로 믿어져야 한다. 이때 비로소 하나님의 자녀로서 중생하며 성령의 인침을 얻게 되는 것이다. 그리스도의 죄사함의 능력은 경이로우시며 오직 이를 깨달아 믿는 자들이 그 은혜를 누릴 수 있다.

히브리서 기자는 "그는 저 대제사장들이 먼저 자기 죄를 위하고 다음에 백성의 죄를 위하여 날마다 제사 드리는 것과 같이 할 필요가 없으니 이는 그가 단번에 자기를 드려 이루셨음이라"(히 7:27)고 하였다. 이렇듯 율법의 제사가 아닌, 단번의 제사로 이루신 그리스도의 속량으로 온 인류가 죄와 사망의 길에서 벗어났다. 그러므로 성도들은 하나님의 놀라우신 사랑과 은혜의 풍성함을 깊이 깨닫고 감사함으로 믿음의 선한 경주를 해야 한다.

우리는 그리스도 안에서 그의 은혜의 풍성함을 따라 그의 피로 말미암아 속량 곧 죄 사함을 받았느니라 (엡 1:7)

유의할 점은, 우리가 그리스도의 보혈의 공로로 하나님의 의로서 구원의 은혜를 누리며, 세상을 살아갈 때 육신이 연약하여 죄를 지으면 미쁘신 하나님께 자백함으로써 모든 불의에서 깨끗함을 얻는다.[207] 이에 따라 구원을 받은 성도들의 모든 행실은 첫째 부활, 곧 생명의 부활 후에 그리스도의 심판대에서 선악 간에 계수되어 천년왕국에서 누리게 될 열 고을, 다섯 고을을 차지하는 위대하고 빛나는 상급으로 이어질 것으로 보인다.[208]

3. 율법에 대해 죽어야 하나님에 대하여 살 수 있다

전술한 대로 아브라함이 전리품을 멜기세덱에게 일회적으로 나누어 주었으며 야곱이 하나님께 서원함으로 시작된 '십분의 일' 원리의 핵심은, 만유의 주인이신 하나님에 대한 경외심과 더불어 모든 주권을 가지고 인도하시는 하나님의 사랑과 은혜에 대한 감사 표시의 일환이었다.

또한 이는 이미 아브라함의 허리에 있었던 레위의 십일조 제도

---

207 요일 1:9 "만일 우리가 우리 죄를 자백하면 그는 미쁘시고 의로우사 우리 죄를 사하시며 우리를 모든 불의에서 깨끗하게 하실 것이요"
208 고후 5:10 "이는 우리가 다 반드시 그리스도의 심판대 앞에 나타나게 되어 각각 선악간에 그 몸으로 행한 것을 따라 받으려 함이라"
눅 19:16-19 "그 첫째가 나아와 이르되 주인이여 당신의 한 므나로 열 므나를 남겼나이다 주인이 이르되 잘하였다 착한 종이여 네가 지극히 작은 것에 충성하였으니 열 고을 권세를 차지하라 하고 그 둘째가 와서 이르되 주인이여 당신의 한 므나로 다섯 므나를 만들었나이다 주인이 그에게도 이르되 너도 다섯 고을을 차지하라 하고"

를 위한 사전 포석으로서 예비적 성격이었으며, 아울러 아론의 반차를 따라 주권자이신 하나님께 드리는 제사를 담당했던 기업이 없는 레위 지파 등을 위한 율법에 속한 의무적인 십일조 제도로 이어졌다.

이후 율법(사람)의 행위를 통해서 이룰 수 없는 하나님의 공의를 위하여 예수께서 단번의 희생 제사를 드린 후에 부활하시고, 오직 이를 믿는 자들을 죄에서 속량하심으로써 하나님 나라와 그분의 의를 거저 얻도록 하셨다. 그리고 오순절에 이들의 심령에 성령으로 친히 찾아오사 하나님의 주권을 완성하심으로 율법을 완전하게 하시고, 성도들이 그리스도의 신부로서 동행하는 참복을 누리게 하신 것이다.

오늘날 영안이 열린 교회 지도자들은 무익해진 제사적 율법에 속했던 십일조 제도가 누룩이 되어 나타나는 폐해들을 쉽게 목격할 수 있을 것이다. 그러므로 이제 모든 교회들은 죄와 사망의 길인, 구법이자 첫째 것인 십일조를 바침으로 복을 얻었던 구약시대의 아론의 반차를 따르는 율법주의에서 벗어나야 한다.

그래야 신법인 둘째 것, 곧 멜기세덱의 반차인 생명의 성령의 법에 따라 성도들이 성령 안에서 하나님 나라에 속한 의와 평강과 희락을 맛보는 참복을 누릴 수 있다. 율법을 행하는 자가 복을 얻는 것이 아니라, 온 인류를 향한 경이로우신 하나님의 구속의 사랑과 은혜를 깨달아 믿으며 이에 대한 감사함으로 성령을 좇아 행하는 자가 진실로 복이 있다고 하겠다.

우리는 율법에 대하여 죽고 성령이 인도하심을 따를 때 하나님에 대하여 부족하지만 담대히 설 수 있다. 여기서 율법에 대하여 죽었다는 것은, 율법 아래에 있지 않다, 율법에서 해방되었다, 율법에서 벗어났다는 것을 모두 함의한다. 결국 항상 성령 안에 머물며, 율법에 대하여 죽은 성도들만이 죄와 사망의 법으로부터 진정한 자유를 얻고 하나님 앞에 온전히 설 수 있는 것이다.

> 그리스도는 모든 믿는 자에게 의를 이루기 위하여 율법의 마침이 되시니라 (롬 10:4)

> 내가 율법으로 말미암아 율법에 대하여 죽었나니 이는 하나님에 대하여 살려 함이라 (갈 2:19)

사람이 스스로 율법을 지킬 수 없어 예수께서 대속을 이루시고, 이를 믿는 자들에게 그리스도의 의가 전가되어 하나님의 자녀로서 연합을 이루게 되었다.[209] 그래서 묵은 율법 조문에서 해방되어 새 영, 곧 성령을 좇아 살아갈 때 육체의 소욕을 이길 수 있다. 이처럼 거듭난 새 생명은 탈율법하여 성령 안에서 살아가는 구조로서, 율법과 본질적으로 달라 동승하면 피차 불편한 관계인 것이다.

예수께서는 승천하신 후 보내시게 될 성령에 대해 "그는 진리의 영이라 세상은 능히 그를 받지 못하나니 이는 그를 보지도 못하고 알지도 못함이라 그러나 너희는 그를 아나니 그는 너희와 함께 거하심이요 또 너희 속에 계시겠음이라 내가 너희를 고아와 같이 버려두지 아니하고 너희에게로 오리라"(요 14:17-18)고 예언하신 바 있다.

이는 그리스도의 구속을 믿는 성도들을 고아처럼 홀로 버려두지 않고 성령 안에서 살아갈 수 있도록 진리의 영으로서 항상 함

---

[209] 엡 1:6 "이는 그가 사랑하시는 자 안에서 우리에게 거저 주시는 바 그의 은혜의 영광을 찬송하게 하려는 것이라"

께하시겠다는 약속이셨다. 그러므로 오늘날 율법주의적인 목회자들은 죄의 종노릇하는 율법의 틀에서 나와[210] 모든 것을 주님께 의지하며 성령 안에서 의와 평강과 희락을 누리도록 안내하는 것이 복음 전도의 궁극적인 목표가 되어야 한다.[211]

더욱이 의무적인 십일조 제도는 율법에서 벗어난 성도들이 성령을 좇아 살아가는 복음과 반대 개념이자 저해 요소다. 이에 대한 교회들의 불분명한 태도는, 아직 성경을 잘 알지 못한 신자들이 지나간 옛 법인 십일조를 바치므로 복을 받는 것처럼 곡해하기 쉽다. 그래서 그들로 하여금 새 언약에 따라 생명의 성령의 법을 좇아야 하는 그리스도의 진리와 함께 성령과의 실질적 동행을 소홀하게 함으로써, 사탄이 좋아하는, 참복을 누리는 것에 역행하도록 돕는다.

따라서 신약시대 교회들은 현재 만연해 있는 십일조 제도 등 비성경적인 요소들을 과감히 지양하고, 율법과 그리스도의 관계와 더불어 신앙의 본질적인 개념들을 명확히 가르쳐야 한다. 연보에 대해서도 강제성이 전혀 없이, 자원하여 수입에 따라 형편에 맞게 마음에 정한 대로 인색하지 않으며 기꺼이 내도록 안내해야 한다. 이것이야말로 하나님께서 기뻐하시는 성경적인 연보의 방향일 것이다.

그리고 앞을 못 보는 자는 자기를 따르는 자를 바른길로 안내할 수 없다. 이처럼 교회 지도자가 영안이 어두워 율법주의적 사고

---

[210] 롬 7:5-6 "우리가 육신에 있을 때에는 율법으로 말미암는 죄의 정욕이 우리 지체 중에 역사하여 우리로 사망을 위하여 열매를 맺게 하였더니 이제는 우리가 얽매였던 것에 대하여 죽었으므로 율법에서 벗어났으니 이러므로 우리가 영의 새로운 것으로 섬길 것이요 율법 조문의 묵은 것으로 아니할지니라"

[211] 성 어거스틴, 『참회록』 오병학 임금선 옮김, (서울 : 예찬사, 2011), 54.

에서 벗어나지 못하면 신자들을 그리스도께로 인도할 수 없는 것은 자명한 일이므로 먼저 자기의 영안이 열려야 한다. 그래서 신자들이 인격적이신 주님을 만나 성령과 더불어 살아가는 것이 참된 복임을 명확히 주지시켜 오롯이 진리 안에 거할 수 있도록 인도해야 할 것이다.

한편 바울은 "(율법 없는 이방인이 본성으로 율법의 일을 행할 때에는 이 사람은 율법이 없어도 자기가 자기에게 율법이 되나니 이런 이들은 그 양심이 증거가 되어 그 생각들이 서로 혹은 고발하며 혹은 변명하여 그 마음에 새긴 율법의 행위를 나타내느니라) 곧 나의 복음에 이른바와 같이 하나님이 예수 그리스도로 말미암아 사람들의 은밀한 것을 심판하시는 그 날이라"(롬 2:14-16)고 하였다.

이렇듯 그리스도의 복음을 모르는 많은 이방인들은 율법이 없으나 자기들 양심이 증거가 되어 그 마음에 새겨진 율법의 행위를 나타내므로 사망에 이른다. 또한 아직도 복음을 믿지 않은 유대인들은 하나님의 죄사함의 사랑과 은혜를 기쁨으로 누리지 못하고 생명에 이르게 할 그 율법(계명)을 온전히 지키지 못해 결국 그로 인해 사망에 이를 수밖에 없는 것이다.

> 생명에 이르게 할 그 계명이 내게 대하여 도리어 사망에 이르게 하는 것이 되었도다 죄가 기회를 타서 계명으로 말미암아 나를 속이고 그것으로 나를 죽였는지라 (롬 7:10-11)

결론적으로 율법주의적 행태에서 탈피하여 생명의 성령의 법에 따라 그리스도의 생명으로 살아가는 새 언약의 성취가 복음의 핵심임을 간과해서는 안 된다. 면면히 흐르는 성경 말씀들을 통해, 죄와 사망의 길인 율법에 대하여 죽음으로써 누룩에 잠식된 위선자로서의 가면을 벗고, 성령을 좇아 살라고 강권하시는 하나님의 음성에 귀 기울여 보라.

그리고 예수께서 참빛으로 오사 단번의 희생 제사로 율법의 마침이 되셨음에도, 아직도 제사적 율법에 속한 무익한 십일조를 은 연중에 강요하는 그대는 사탄의 종인가, 그리스도의 종인가? 자신의 내면을 들여다보라.

> 그가 또한 우리를 새 언약의 일꾼 되기에 만족하게 하셨으니 율법 조문으로 하지 아니하고 오직 영으로 함이니 율법 조문은 죽이는 것이요 영은 살리는 것이니라 (고후 3:6)

> 그러므로 이제 그리스도 예수 안에 있는 자에게는 결코 정죄함이 없나니 이는 그리스도 예수 안에 있는 생명의 성령의 법이 죄와 사망의 법에서 너를 해방하였음이라 (롬 8:1-2)

참고문헌

- 강신해, 『알기 쉬운 산상보훈』, 경기 : 베드로서원, 2023.
- 강신해, 『알기 쉬운 요한계시록』, 광주 : 하움출판사, 2023.
- 김득렬, "한국교회의 당면 문제와 목회 방향에 관한 연구", 현대와 신학, 3/1, 1966., 91-108, 연세대학교 연합신학대학원
- 김영길, "창세로부터 성경 속에 감추인 비밀 표현 IV", 藝術論文集, 14/-, 1999., 147-285, 부산대 예술대학
- 김성수, 『그런 기독교는 없습니다』, 서울 : 도서출판 케이에이엠, 2012.
- 박경호, "Privatizarea in Europa de est", 1995., Thesis(-doctoral)-Academia de Studii Economice
- 박민홍, 『십일조의 혁명』, 대전 : 도서출판 대장간, 2008.
- 박윤선, 『신약주석 히브리서』, 수원 : 도서출판 영음사, 2011.
- 성기문, "장 칼뱅의 주석에 따른 舊約十一租와 新約獻金", 진리와 학문의 세계, 6/1, 2002., 11-30, 달구벌기독학술연구회
- 성 어거스틴, 『참회록』, 오병학 임금선 옮김, 서울 : 예찬사, 2011.
- 성호길, 『영원한 대제사장 예수 그리스도』, 광주 : 도서출판 새백성, 2003.

○ 앤드류 팔리, 『복음에 더할 것은 없다』, 안지영 옮김, 서울 : 터치북스, 2013.
○ 엠.알.디한, 『율법이냐 은혜냐』, 이용화 옮김, 서울 : 생명의 말씀사, 2011.
○ 우희영, "십일조 논쟁에 대한 성경적 교훈", 진리논단, -/6, 2001., 67-86, 천안대학교
○ 워치만 니, 『영에 속한 사람 2』, 정동섭 역, 서울 : 생명의 말씀사, 2014.
○ 이상근, 『신약주해 갈라디아서 히브리서』, 서울 : 기독교문사, 2008.
○ 이진희, 『율법? 그건 알아서 뭐해?』, 서울 : 쿰란출판사, 2005.
○ 이.피.샌더스, 『바울, 율법, 유대인』, 김진영 옮김, 고양 : 크리스챤다이제스트, 2006.
○ 이한수, 『복음과 율법』, 서울 : 생명의 말씀사, 2011.
○ 조성기, 『(예수보다 물질을 탐하는 한국교회) 십일조는 없다』, 서울 : 평단문화사, 2012.
○ 조찬선, 『기독교죄악사(상)』, 서울 : 평단문화사, 2000.

인용한 성경

김창영,『현대인의 성경』, 서울 : 생명의 말씀사, 2011.
대한성서공회편집부,『성경전서 표준새번역』, 서울 : 대한성서공회, 2001.
대한성서공회편집부,『새번역 성경』, 서울 : 대한성서공회, 2004.
민영진,『공동번역 성서개정판』, 서울 : 대한성서공회, 2004.
이송오,『킹제임스 스코필드 한영주석성경』, 서울 : 말씀보존학회, 2008.
정동수,『킹제임스 흠정역 스터디 성경전서』, 인천 : 그리스도 예수 안에, 2008.
정동수,『킹제임스 흠정역 한영대역 성경전서』, 인천 : 그리스도 예수 안에, 2008.
정형철,『쉬운성경 NIV 한영성경』, 서울 : 아가페출판사, 2005.
하용조,『비전성경 개역한글』, 서울 : 도서출판 두란노, 2002.
하용조,『우리말 성경』, 서울 : 도서출판 두란노, 2017.
한국성경공회편집부,『바른성경』, 경기 : 한국성경공회, 2016.
허성갑,『히브리어·헬라어 직역성경』, 충북 : 말씀의집, 2013.
현대어성경편찬위원회,『현대어성경』, 경기 : 성서원, 2013.

신약시대의 누룩, 십일조

1판 1쇄 발행 2025년 11월 20일
지은이 강신해

교정 주현강　**편집** 양보람　**마케팅·지원** 이창민
펴낸곳 (주)하움출판사　**펴낸이** 문현광

이메일 haum1000@naver.com　**홈페이지** haum.kr
블로그 blog.naver.com/haum1000　**인스타** @haum1007

ISBN 979-11-7374-156-2(03230)

좋은 책을 만들겠습니다.
하움출판사는 독자 여러분의 의견에 항상 귀 기울이고 있습니다.
파본은 구입처에서 교환해 드립니다.

이 책은 저작권법에 따라 보호받는 저작물이므로 무단전재와 무단복제를 금지하며,
이 책 내용의 전부 또는 일부를 이용하려면 반드시 저작권자의 서면동의를 받아야 합니다.